博雅

历史与理论

The Heavenly City of
the Eighteenth-Century Philosophers

18世纪哲学家的
天城

〔美〕卡尔·贝克尔（Carl L. Becker）著

何兆武　译

北京大学出版社
PEKING UNIVERSITY PRESS

图书在版编目（CIP）数据

18 世纪哲学家的天城/（美）卡尔·贝克尔著；何兆武译.— 2 版.—北京：北京大学出版社，2023.9

（历史与理论）

ISBN 978-7-301-34168-1

Ⅰ.①1⋯　Ⅱ.①卡⋯②何⋯　Ⅲ.①哲学思想—研究—欧洲—18 世纪　Ⅳ.①B504

中国国家版本馆 CIP 数据核字（2023）第 141646 号

The Heavenly City of the Eighteenth-Century Philosophers
Carl L. Becker
Yale University Press，1971
译本版权由北京大学出版社拥有。

书　　　名	18 世纪哲学家的天城
	18 SHIJI ZHEXUEJIA DE TIANCHENG
著作责任者	〔美〕卡尔·贝克尔（Carl L. Becker）　著　何兆武　译
责任编辑	修　毅　李学宜
标准书号	ISBN 978-7-301-34168-1
出版发行	北京大学出版社
地　　址	北京市海淀区成府路 205 号　100871
网　　址	http://www.pup.cn　新浪微博：@北京大学出版社
电子邮箱	编辑部 wsz@pup.cn　　总编室 zpup@pup.cn
电　　话	邮购部 010-62752015　发行部 010-62750672
	编辑部 010-62752025
印　刷　者	北京中科印刷有限公司
经　销　者	新华书店
	880 毫米×1230 毫米　A5　5.375 印张　135 千字
	2013 年 9 月第 1 版
	2023 年 9 月第 2 版　2023 年 9 月第 1 次印刷
定　　价	42.00 元（精装）

卡尔·贝克尔(Carl L. Becker, 1873—1945)

译者序

何兆武

　　本书作者卡尔·贝克尔（Carl Becker, 1873—1945）为 20 世纪美国著名的历史学家，曾任康奈尔大学教授、《美国社会哲学杂志》主编、美国历史学会主席、美国科学院院士，曾获耶鲁大学、哥伦比亚大学等校名誉博士。他的主要著作有《论〈独立宣言〉：政治思想史研究》（1921）、《近代史》（1931）、《18 世纪哲学家的天城》（1932）、《人人都是他自己的历史学家》（论文集，1935）、《进步与权力》（1936）、《人类文明史》（1938）、《近代民主政治》（1941）；他去世后，Phil L. Synder 编有《贝克尔史学论文集》（1958）。

　　青年时代的贝克尔受业于边疆史学派大师特纳（Frederick Jackson Turner, 1861—1932），不久即成为美国"进步派"新史学阵营的代表人物之一。但在主张历史学应该为现实世界的进步服务时，贝克尔却有他本人颇为独特的史学观。贝克尔一反传统的史学观点——即认为分析可以得出确凿的事实，而综合则可以做出客观的叙述，他不承认脱离主观的（个人的、时代的、民族的、集团的、党派的等等）认识之外还有所谓客观事实，而认为历史认识只是主观经验与见解的一种推导，一切历史理解或评价都以历史学家的主观经验为基础，否则就不可能形成任何客观的形象。这种史学观最后就总结在他 1931 年就任美国历史学会主席的那篇著名讲演中（《人人都是他自己的历史学家》）。因此他的历史思想浸透着一种浓厚的实用主义和相对主义的色彩,并且有日益悲观的趋向。但第二次世界大战的爆发给他晚年的思想带来了若干新的希望。他拥护反法西斯战争,写下了不少文章,并认为人类毕竟是应该热爱真理并追求真理的;虽则我们的理性是有限的,但毕竟乃是我们的理性发现了这种局限性。

在 18 世纪的法国,*Philosophe*(哲学家)一词并非指今天意义上的专业哲学家,而是特指当时"启蒙运动"的思想家、理论家和宣传家。通常人们都认为他们是"近代"意识形态的先驱者;但贝克尔在本书中却提出一种相反的论点,他认为所谓"理性时代"远不是理性的,那批"哲学家"所做的工作只不过是以新的材料在重新建造另一座中世纪奥古斯丁式的"天城"而已。这部多少是震世骇俗的著作,与历来的一般看法迥不相侔,所以一经问世就引起了学术界的轰动。60 多年来对此书的评价一直争论不休,以致《美国历史评论》杂志断言,本书将永远成为思想史上的一部经典著作。我们中国的读者当然也有权根据自己的见解对于 18 世纪的"哲学家"做出自己的评价。无论如何,本书在有助于读者理解 18 世纪"哲学家"的思想,以及 20 世纪美国的思想史研究和美国史学思想这两方面都不失为一部有价值的著作。译文根据的是 1971 年耶鲁大学出版社(康州,新港)第 35 次印行的原文。

本书原为作者对专业研究者所做的一系列讲演,其性质为史论,事先假定听众对有关史实已有一定知识,故于史实阐述甚少。读者倘对本书感兴趣,最好能参阅一些有关的历史书籍并对照一下中世纪早期神学权威圣奥古斯丁的《天城》(或译为《上帝之城》)一书。

译者谨识

1998 年于北京清华园

目　录

作者谨以感激与深情

将本书献给

老师与友人

查尔斯·霍默·哈斯金斯

与

弗雷德里克·杰克逊·特纳[1]

---

[1] 查尔斯·霍默·哈斯金斯(Charles Homer Haskins,1870—1937),弗雷德里克·杰克逊·特纳均为美国历史学家。——译者注

序　言

　　这本小书包括1931年4月下旬在耶鲁大学法学院所做的四次斯多尔斯(Storrs)基金讲演。在准备刊行这几篇讲演时,我曾做了一些改动,主要是文字上的。但是此处所刊行的后三篇讲演中有某些段落,由于时间不够,在讲演时当然就被省略了。

　　对于讲演所给予我的多方关照,我要感谢耶鲁大学法学院和历史学系的同人们和学生们。

卡尔·贝克尔

纽约州,伊萨卡

1933年5月

第一章 舆论的气候

迷信也像其他的许多幻想一样，当其不是在迎合我们的虚荣而是在阻碍它的时候，就会轻而易举地丧失其威力。

——歌德

一

正如大多数人一样，我曾抱有过某些欢欣鼓舞的信念；我认为它们是有效的，因为它们是合乎逻辑地从已知的和明显的事实中得出来的。我有一个好朋友，哪怕是我向他摆清楚了所有有关的事实，并且为他好而反复追踪了那些应该能使一个有理智的头脑信服的逻辑步骤之后，却仍在反对我的这种或那种信念——发现这种情形往往使我苦恼。情况可能是——事实上，几乎肯定总会是——他无法反驳我的论据。但这没有关系。他坚信那是违反他的意愿的，他仍然坚持同样的见解；我终于认识到，不幸的是，他的头脑并不是全然开放的。某些混乱的情绪，某些根深蒂固的偏见或某些不经检验、先入为主的成见，使得他看不见真理。

我毫不迟疑地就原谅了引导我的朋友达到错误结论的那种令人困惑的偏见，因为我理解它。它是一个小小的错误；而我本人若不是由于某种侥幸的恩典,也会陷入其中的。在重大问题上,我们的意见很能一致,因为恰好我们两个人都是教授。我们的经验和我们的兴趣大都是同样的。种种看来相关的事实和获得一致的推论,一般说来,对他和对我也都是同样的。我们大多数的前提和我们不加分析所使用的词句,都是学校里的人所熟知的。既然在根本之点上能够那么好地意见一致,我们就可以彻夜不休地辩论,就像卡莱尔[1]所说的那样,除了观点外并没有任何分歧。

我们这两个教授却更不容易和另一种生活方式的人,比如说政治家或传道者,彻夜不休地进行辩论。由于缺少一致的意见,辩论很快地就难以进行。他们所接受、认为有效的种种事实,我们却要质疑或者看作是可以忽略的。而使我们深信不疑的推理过程,他们却怀着荒唐而粗率的轻蔑,视之为学究气而一笔勾销。在夜幕尚未正式开始之前,讨论就结束了。我们看得出来,再继续下去是没有用处的,因为他们的思想不仅只是在表面上被他们作为个人所特有的各种偏见,而且还从根本上被所有他们那种行业的人所共有的各种无意识的先入为主的成见给败坏了。

然而,尽管我们的差异是那么大,我们所有的人——教授们、政治家们、传道者们——都毫无疑问地会发现,我们毕竟是有着很多的共同之点的,假若是有可能遇到了前代的某一位活生生的杰出代表人物的话。让我们姑且驰骋一下幻想,让我们设想我们可以擦一下玛兹达(Mazda)[2]的神灯,可以把但丁和阿奎那带到了我们面前。既然谈论天气不免是浪费宝贵的时间,我们就不如请圣托马斯·阿奎那

---

[1] 卡莱尔(Thomas Carlyle,1795—1881),英国作家、历史学家。——译者注

[2] 玛兹达为波斯拜火教神话中的神人。——译者注

给我们界定一下自然法这个概念,此词在他当时也像在我们今天一样,是大量为人引用的。圣托马斯是一贯善于下定义的,他会毫不犹豫地说:

> 既然一切事物都服从神圣的天命,是由永恒的法律来统治、来衡量的⋯⋯那么显然的是,一切事物就多少都分担着永恒的法律,亦即就它们被它打上了烙印而言,它们也就得到了它们各自对自己固有的行为与目的的相应倾向。而在所有被创造物中间,有理性的生物[1]——就其顾及自身以及顾及别人而分担了一份天命而论——乃是以最优异的方式服从于神圣的天命的。因此之故,它就具有一份“永恒的理性”,从而它就对其固有的行为和目的具有一种天然的倾向:有理性的被创造物身上的这种对永恒法律的参与,就叫作自然法。[2]

听过了这个简明的定义,我们就可以断定,毕竟还是找一个学院气更少一点的题目会更好一些,比如说“国际联盟”[3]——这是但丁在 *De Monarchia*(《论君主国》)的标题之下曾经大发议论的某种东西。但丁是赞成“联盟”的,他可以用以下的论证来支持他的立场:

> 人类对于某些部分而言,就是一个整体;而对于某个整体而言,又是一个部分。当然,对于如上所述的各个具体的王国和国家而言,人类就是一个整体,而对于整个宇宙而言,人类就是一个部分;这是不言自明的。所以正犹如人类⋯⋯的各个组成部分符合

---

[1] “有理性的生物”即人。——译者注

[2] *Summa theologica*(《神学大全》)卷二,第一编,第 91 章,第二节。

[3] 国际联盟(League of Nations)即国联,第一次世界大战后成立的国际组织。——译者注

于作为一个整体的人类那样，我们同样要说……人类也作为一个整体而符合于它那个更大的整体。人类的各个组成部分通过服从于一个唯一的君主这条唯一的原则而符合于作为一个整体的人类，这一点是很容易从以往所发生的事件中得出来的。所以人类之符合于宇宙本身或者说符合于它的"君主"（那就是"上帝"）……就只不过是由于那条唯一的原则——服从于一个唯一的"君主"——而已。我们由此就得出结论说，那个"君主国"（"国际联盟"）对于世界的福祉就是必然的。[1]

随后，讨论无疑地就会搞得很沉闷。因为我们无论哪个人要回答但丁或圣托马斯，又能说什么呢？不管我们说什么，是站在这一方或另一方，看来他们两人无论哪一个大概都不会发现它是严格有效的，或者甚至于不能理解我们究竟是拥护论证的哪一方。唯有一件事对我们会是十分清楚的，即这两个人使用同样的技巧实现了模棱两可。或许我们的第一个反应就是要厚道地承认这两位贵客并非处于他们的最佳状态；而我们的第二个反应则是怀着应有的全部敬意喃喃地说道，他们向我们说了一些莫明其妙的废话。或许就是这样；确实，对一个近代的头脑来说，它就是这样；例如要把《论君主国》重印出来作为国际联盟的一篇宣传文件，显然会是很不明智的。然而使我感到麻烦的是，我却不能把但丁或圣托马斯看作不明智的人而不予理会。后世的评判已经把他们置于大地之上最显赫的行列当中了；而假如他们的论证在我们看来是不可理解的，那么这一事实就不能归咎于他们缺乏明智。他们至少也和我们时代许多在论证要拥护或反对国际联盟的人们是一样地明

---

[1] De Monarchia（《论君主国》，1904 年英文版）第 1 卷，第 7 章，第 24—25 页。

智而博学——也许就像克里孟梭一样地明智，和威尔逊[1]一样地博学。

　　怀特海教授[2]近来恢复和采用了一个17世纪的名词："舆论的气候"。这个名词是很有必要的。论据能否征得人们的同意，与其说取决于表达它们的逻辑如何，不如说要取决于在维持着它们的那种舆论气候如何。使得但丁的论据或圣托马斯的定义对于我们成为毫无意义的，并不是由于逻辑欠通或者是缺乏明智，而是由于中世纪舆论的气候，即那种在广义上为人们本能地所坚持的先入为主的成见、那种Weltanschauung（世界观）或世界模式，它们强加给了但丁和圣托马斯一种对智性的特殊运用和一种特殊形态的逻辑。要了解何以我们不大容易跟着但丁或圣托马斯走，就必须（尽可能地）了解这种舆论气候的性质是怎样的。

　　大家都知道中世纪的世界模式出自希腊的逻辑和基督教的故事，是由基督教教会所加工形成的；许多世纪以来它都把它那权威强加给了孤立的而又是无政府状态的西欧社会。现代的心灵是好奇地在注视着并精确地在描述着一切事物的，它的确能够描述这种舆论的气候，尽管它并不能生活于其中。在这种舆论的气候之下，世界和世上的人都是由圣父这位全知的和仁爱的智慧为了一个终极的（假如说是不可测的）目的在六天之内创造出来的，这乃是一桩无可疑问的事实。人尽管被创造出来时是十全十美的，却由于不肯听命而从神恩堕入了罪恶

---

[1]　克里孟梭（Clemenceau, 1841—1929），第一次世界大战时的法国总理，威尔逊（Woodrow Wilson, 1856—1924），第一次世界大战时的美国总统；两人均参加了战后的巴黎和会。——译者注

[2]　怀特海（A. N. Whitehead, 1861—1947），英国数学家、哲学家。——译者注

和错误，从而受到永恒天谴的惩罚。可是幸而由于上帝的独生子那种和解性的牺牲，便准备好了一条赎罪和得救的道路。尽管人们自身无从躲避上帝公正的愤怒，他们却由于上帝的仁恩也由于自己对上帝意志的谦卑和服从而可以获允被饶恕自己的罪行和错误。大地上的生活无非就是通向这一可愿望的目的的一种手段，无非就是对上帝的儿女们的一种暂时的考察而已。到了上帝指定的时间，"地上之城"[1]就告终结，大地本身也就被火焰吞没。到了那个末日，善人和恶人就终于会被分开。对于胆敢顽抗者，就准备好了一个永恒惩罚的地方；而信徒们则会在"天城"与上帝会合，永远在那里居留在美满和幸福之中。

人生就这样被中世纪的人看成是一幕宇宙的戏剧，是由这位戏剧大师[上帝]按照一个中心题材并根据一个合理的计划而写成的。在它被付诸实施而成为事实之前，那构思就已经是完美无缺的；在整个世界开始被写到有记录的时间的最后一个音节之前，这场戏剧——好也罢、坏也罢——已经是无可更改的。被明确地加以界定之后，它就必须为人们尽可能地理解，但在任何情况下都必须是义无反顾地演出到它所预言的结尾。人的责任就是要像已经写定了的那样来接受这场戏剧，因为他不能改动它；他的职责就是要扮演被指定的角色。为了使他可以按照神圣的文本扮演他那角色，（上帝）便在人间设置了下级的权威——教会和国家，它们从上帝那里获得它们正当的权力——来安排人们去服从并教导人们各循其道。智慧是根本性的东西，因为上帝把智慧赐给了人。但是智慧的功能却是受到严格限制的。不要好奇地去

---

[1] "地上之城"（Earthly City）系与"天城"（Heavenly City）相对而言，"城"即城邦或国家。——译者注

追问人生的起源和最终的状态,因为这二者都是神明所规定的,并且是被充分启示了的。追问它的终极意义是没有用处的,甚至于是亵渎神明的,因为唯有上帝才充分理解它。因此,智慧的功能就在于指出被启示了的真理,就在于调和不同的实际经验与在信仰中被给定的那个世界的合理的模型。

在这种舆论的气候的牢固作用之下,当时最好的思想就采取了一种彻底的理性主义的形式。我知道,习惯上是把 13 世纪称为信仰的时代并以之与被认为主要是理性时代的 18 世纪相对比的。在某种意义上,这一区别是充分真确的,因为"理性"一词也像许多别的名词一样,具有多种意义。因为 18 世纪的作家们使用理性来反驳基督教的教条,所以一个"理性主义者"在通常的用语里就意味着一个"不信教者"、一个否认基督教真理的人。在这种意义上,伏尔泰就是一个理性主义者,而圣托马斯则是一个有信仰的人。可是这个词的这一用法却是很不幸的,因为它混淆了一个事实,即理性可以用来维护信仰,正如它可以用来摧毁信仰一样。伏尔泰和圣托马斯两人之间肯定是有许多不同的,但是尽管如此,两人却有着大量的共同之处。他们两人的共同之处就是这一深刻的信念:他们的信仰是可以合理地加以证明的。在一种非常真实的意义上,我们可以说 18 世纪乃是一个信仰的时代,正有如它是一个理性的时代,也可以说 13 世纪乃是一个理性的时代,正有如它是一个信仰的时代。

这并不是一个悖论。相反地,热忱的信仰和一种专门的理性主义是很容易结合在一起的。大多数人(当然,我这里要加上括号来照顾到那些头脑简单的人以及真正的神秘主义者),即那些热忱相信上帝在他那天堂上而世上的一切事物都很不错的大多数有知识的人,都感到自己的信仰需要有良好的和充分的理由,而假如有一些困扰人的疑问钻了进来令他们不安的话,就格外是如此。这一点或许就是何以但丁时代的思想乃是如此之九死而无悔的理性主义的原因之一了。信仰肯定是依然丝毫没有动摇——只是它那些最能干的拥护者们正在逐渐意识到,它是作为信仰而为人所坚持的。因此,就更有需要来完全彻底地证明它。恰恰是因为圣托马斯信仰一个由神明所安排的世界,所以为了自己的心安理得,他就需要对一个神明所安排的世界有一种无可反驳的合理证明。他永远不可能和德尔图良[1]一道说:"我相信的是荒谬的东西。"他却可以很容易和安瑟伦[2]一道说:"我信仰是为了我可以知道。"他很可能再补充说:"假如我对自己所知道的东西找不到一种合理的证明的话,我会感到苦恼。"

要用一种合理的模型来调和各种不同的实际经验,乃是一项十分艰难的任务,哪怕经验很有限而知识也不太多;这是一项不可能的任务,除非逻辑证明是服从于理性所不知道的某种人心的理性的。于是但丁时代的人们就发现了它。最根本的事情当然是要设计出一种高度复杂的辩证法,但这还是他们的困难之中最小的;因为哪怕是借助于亚里士多德的逻辑学,也并非总是有可能把威廉·詹姆士[3]所谓的"不可简约的顽强的事实"塞进由信仰所规定得整整齐齐的范畴里去。因此,在紧迫关头就有必要在权威文本的字面意义的背后去寻求只有借助于象征性的诠释才能得出来的各种隐蔽的意义了。*Litera gesta docet;quid credas, allegoria;moralis quid agas;quo tendas, anagogia*——经院学者们为了经院之用所设计出来的那个有名的公式就是这样说

---

[1] 德尔图良(Tertullian,约155—230),罗马早期基督教神学家。——译者注

[2] 安瑟伦(Anselm,1033—1109),英国神学家。——译者注

[3] 威廉·詹姆士(William James,1842—1910),美国心理学家、哲学家。——译者注

的;这个公式或许可以自由地翻译为:

> 文字教导了我们所知道的东西,
>
> 神学预言教导了我们所希望如此的东西;
>
> 信仰是被隐喻所坚定的,
>
> 行为是被道德故事所塑造的。

从而 13 世纪就有可能随时运用一种由象征性的解说所支撑的高度复杂的辩证法来论证上帝的对人之道。失乐园和复乐园——那个时代所理解的人生戏剧的主题不过是如此而已;当时最优秀的头脑全都致力于对它进行解说。神学述说了并且阐释了世界的历史。哲学乃是对自然界和历史进行合理化并加以调解的学问。逻辑学则为神学和哲学双方都提供了一种合适的方法论。结果是我们在数不胜数的其他著作之中便有了 *Summa theologica*(《神学大全》)[1]这部肯定是人类心智最惊人的巨著之一。可以有把握地说,这个广阔的世界无论是在此以前还是在此之后,都从未被如此之精致地包装起来并加以定位,被如此之完整地而又信心十足地理解过,它的每一个为人所知的细节都是以如此之精密而可爱的准确性被嵌入了一个首尾一贯而又令人信服的整体。

我们现在一直是停留在中世纪舆论的气候之中,只要这样做也许是十分安全的话。然后,再让我们从 13 世纪的高峰下降到 20 世纪的低谷——降入另一种氛围,其中既然被填充了更为丰富的事实内容,我们也就可以呼吸得更为安逸和舒畅了。

---

[1] 《神学大全》是圣托马斯·阿奎那的也是中世纪基督教神学的最重要的著作。——译者注

二

那么我们20世纪的科学家们、历史学家们和哲学家们，又能用13世纪的神学—历史学、哲学—科学和辩证法—方法论来做些什么呢？我们可以——而且我们必须，因为那是我们的习惯——以无限的细心和冷静的态度去钻研《神学大全》那密密麻麻大部头的对开本以及现在精心庋藏在各个图书馆里的这类著作。我们或许有点惊讶于——尽管我们很少被人发现是惊讶的，因为我们是无所不通的——书中所显示的那种永不疲倦的热忱、那种无限的耐心、那种非凡的巧妙和敏锐。我们甚至于对其中所记述的东西理解得很好，足以能把它很蹩脚地翻译成现代的词句。我们对《神学大全》所做不到的唯一的事就是根据它本身的立论去面对它的论据。我们既无法认可它们，又无法反驳它们。我们甚至于想不到去做这种努力，因为我们本能地感到，在支持这种论证的舆论气候之中几乎不容我们有喘息的机会。它那些结论在我们看来似乎既不真也不假，只是毫不相干；而它们之看来似乎是毫不相干，乃是因为它们如此之精巧地被织入其中的那个世界模式不再能从我们身上引发出任何情操上的或美感上的反应了。

我们怀有世界上最美好的愿望，而完全不可能把人生构想为是一幕被神明所安排的戏剧——这幕戏剧的开场和结局都是已知的，它的意义已经一劳永逸地被揭示出来了。好也罢、坏也罢，我们不得不把世界看作是一场连续不断的流变，是一场无限复杂而又永不休止的报废和修复的过程，从而"一切事物和事物的原则"都应被看作只不过是"各种流变不居的方式和样式"，只不过是"迟早在它们的路上都要分手的各种力量时时刻刻在重新汇聚"而已。这场连续不断的变化过程

的开端是被包裹在无法渗透的迷雾之中的;它那结局似乎更为确定,却又更不能引人入胜。按照詹·霍·金斯[1]的说法是:

> 一切事物都以席卷一切的力量,在某个或某些(并非无限遥远的)时候,趋向于世界创造的某一确切的事件或事件的系列。宇宙不可能是从它目前的各种成分之中偶然产生出来的,也不可能总是和目前同一个样。因为在任何的这类事件中,除了不可能融化为辐射的原子,没有任何原子会安然存留下来;将不会再有日光,也不会再有星光,而只有一片在整个空间之中均匀播散着的辐射作用的寒冷微光。的确,这就是今天的科学所能看得到的,它是一切被创造物所趋向的最终结局,而且它必定是要到达那里的。[2]

当然,我们不需要马上就准备应付那桩遥远的不祥事件,宇宙现在还是一桩正在行进之中的事件,而且将远远超出于我们的时代之外。但是我们却可以对人与宇宙二者之间这场不可避免的江河日下的关系,怀有合理的好奇心。人是怎样上了这条船的? 他在那上面又在做什么? 根据丹皮尔-惠商教授的说法,科学提供了两种可能的答案:

> 人生……可以看作或则是宇宙历程的副产品中一桩可以忽略的偶然事件,或则是创造性演化的崇高努力之至高无上的表现,在时间和空间的种种机缘之中,唯有大地给了它一个合适的家。[3]

---

[1] 金斯(James H. Jeans,1877—1946),英国理论物理学家。——译者注

[2] 《曙光女神(Eos):宇宙演化论的广阔视野》,第55页,转引自丹皮尔-惠商(Dampier-Whetham):《科学史》,第483页。

[3] 《科学史》,第482页。

在这两种情况中,并没有什么挑选的余地,因为无论是这一种或那一种情况,人都必须被看作是宇宙历程的一部分,注定了是要随它一起消灭的。让我们听听伯特兰·罗素[1]的话:

> 人乃是对于造成其结局并无先见之明的种种原因的产物,他的起源、他的成长、他的希望和恐惧、他的热爱和信仰,都只不过是许多原子偶然凑合的结果;并没有任何烈火、任何英雄主义、任何思想和情绪的强力,可以保持一个个体生命永远不朽;一切时代的一切劳动、一切奉献、一切热望、一切人类天才日丽中天的辉煌,都注定了要消灭在太阳系广漠无垠的死亡之中,而人类成就的整个殿堂也必不可免地要埋葬在宇宙废墟的残骸之下——所有这些事情,如其不是全然无可争议的话,至少也是如此之接近于肯定,以至于没有任何反对它们的哲学可能希望站得住脚。[2]

不管我们要怎样随心所欲地刻意编撰和解说现代科学的各种结论,我们仍然不可能把人类看作是上帝的儿女,而大地则是为了他们而创造出来的一座尘世上的住所。倒不如说,我们必须把人看作只不过是世界表面上一种偶然的积淀,是被使铁生锈和使五谷成熟的那些同样的力量在两个冰期之间漫不经心地抛出来的;人是一个有感觉的有机体,确实是被某种幸运的或不幸的机缘赋予了智识,但被赋予的却是受到它努力要加以理解和控制的那些力量本身所制约着的那类智识。人也构成其中一部分的这个宇宙历程的最终因,究竟是上帝还是电,抑或是某种"以太的压力",我们并不清楚。不管它可能是什么,假如它

---

[1] 罗素(Bertrand Russell,1872—1970),英国数学家、逻辑学家、哲学家。——译者注
[2] 《神秘主义与逻辑》,第47页,引自丹皮尔-惠商:《科学史》,第487页。

确实不止于是思想上的某种必要的公设的话,那么就其作用看来,它就既不是为善也不是作恶,正如它既不是仁也不是不仁,而只是与我们漠不相关而已。电子所应该加以关怀的人,又算是什么人呢!人只不过是宇宙中的一个弃儿,是被创造出他来的各种力量所抛弃的。他无父无母,全知和仁爱的权威既不援助他也不引导他,他只好自己照顾自己,并且靠自己有限的智力在一个冷漠无情的宇宙之中摸索自己的出路。

决定了近代思维的特点和方向的世界模式便是如此。这一模式长期以来一直是在织就着的。把人生看作一种起着分解作用的能量之盲目激流这一观念,用了八个世纪的时间才取代了人生乃是由神明所设计的和有目的的一幕戏剧的观念。但各种迹象都表明,这场取代过程现在已经充分完成了;而且假如我们想把八个世纪的思想史简化为一句格言的话,我们所能做的就莫过于借用阿里斯托芬[1]的话:"推翻了宙斯[2],旋风便为王。"

或许这场革命最重要的后果便是:我们是在徒劳无益地寻找任何类似于往日的那种绝对权威,作为一个坚固的、可以据之以出发的立足点。宙斯已经被推翻,再也不能成为思想的最初前提了。我们仍然可以信仰宙斯,有很多人也确是在信仰着的。即使是科学家们、历史学家们、哲学家们也依然照例去向他顶礼膜拜。但这只不过是一种特权罢了;正如以往信奉基督教新教的各个国家里私人们所实行的那样,就连教皇派有时候也还是被允许在私人的小礼拜堂里做弥撒。现在已经没有一个严肃的学者会以上帝的存在与善良作为出发点来解释量子论或

---

[1] 阿里斯托芬(Aristophanes,公元前454—前388),古希腊喜剧家。——译者注

[2] 宙斯(Zeus),古希腊神话的众神之王。——译者注

法国大革命了。假如我也像某些历史学家曾经做过的那样，竟敢斗胆阐明 18 世纪的思想乃是被上帝事先预定了要来惩罚胡作非为和桀骜不驯的那一代人们的，那么你们就会在你们的座椅上忸怩不安了，你们会"表现出"一副尴尬来，并且甚至于一想到有一位可信赖的同事竟然表现出如此之恶劣的趣味来，就会有点脸红。事实是，我们并没有一个最初的前提。既然旋风就是王，我们就必须从旋风开始，从呈现在经验之中的一大堆杂乱无章的东西开始。我们是从不可简约的、赤裸裸的事实出发的；并且我们必须把它认作就是我们所发现它的那个样子，因为我们不能容许再去诱导它，希图能根据世界的模式乃是一个逻辑的模式这一假设而把它纳入某一种或另一种思想范畴之中。既然把事实接受下来当作是既定的，我们就要观察它、实验它、证实它，加以分类，可能的话还要测定它，并且尽量不要去推论它。我们所问的问题乃是"什么"和"怎样"。事实都是什么，它们是怎样相联系的。假如有时候我们漫不经心或闲情逸致地要追问一个"何以故"，那么我们可就找不到答案了。我们最高的目标是要评估和把握这个世界，而不是要理解它。

既然我们最高的目标是要评估和把握这个世界，相对地说来我们就不大用得上神学、哲学和演绎逻辑了——这是中世纪屹立着通向知识的三条大道。在八个世纪的历程里，这些学问已经从它们的高品位之上跌落下来，取而代之地，我们就供奉起历史学、科学和观测计量的技术。神学，或者说以这个名称而行世的某些东西，仍然在被信徒们维持着它的生命，但是只靠人工呼吸了。它的功能、它在圣托马斯时代所做出的业绩，已经被并非通常所认为的哲学，而是被历史学，即研究在时间顺序之中的人及其世界，接收过去了。在 13 世纪，神学按照神圣的救赎规划提出了那种个人和世界的故事。它向那个时代的人们提供了一套权威的历史哲学,而人们也能够不管人类的实际经验究竟如何,因为他们对自己的终极事业和意义乃是如此之深信不疑。但是在继之而来的几个世纪里,人们越来越要调查人类有记录的故事,把一种对细节的惊人注意力带入了这项事业,那是对史实的一种日益增长的关怀。从这样积累起来的大量不可简约的赤裸裸的事实角度看来,神学对于人及其世界的憧憬就褪了色,而成为对原来图像的一幅苍白无力的复制品。线索分明的神学的历史哲学到了 18 世纪已经蜕化成为一套和蔼可亲而又绅士派头的"以范例来教导人的哲学"了。到了 19 世纪初期,历史学仍然可以被看作是"超验的观念"(Transcendent Idea)在现实世界之中的自我体现。在我们当代,历史学就只不过是历史学,即只不过是对于已经发生过的事情的记载而已,正如它所发生过的那样。按照桑塔雅那[1]所说,历史学的目的十分简单,只不过是"要确定过去时代里各个地方各种事件的次序"。没有任何一位可尊敬的历史学家再要钻进隐秘的动机里面去;而一个暗地里要把一种超验的解说引到人类故事里面来的人,就会配得上被人称为哲学家而干脆丧失了他作为一个学者的声誉。

　　当然,我是在广义上使用"历史学"这个名词的。我们将其作为一种研究方法,而不是作为一个特殊的研究领域来加以理解。文学和语言、政治和法律、经济学、科学和数学、爱情和体育运动——在我们的时代里,还有什么是不曾历史地被人研究过的呢?大部分被称为科学的,确切地说来都是历史学,是生物现象或物理现象的历史。地质学家告诉我们大地的历史;植物学家叙述了植物生命的历史。怀特海教授最近则是以追溯物理概念的历史来阐明物理学的。确实,就其历史的背

---

[1]　桑塔雅那(George Santayana,1863—1952),西班牙裔哲学家。——译者注

景来看待一切事物,看来乃是近代头脑的一种很有教益的操作方式。我们是不假思索就在这样做,因为我们不这样做简直就一点都无法思索。近代舆论的气候是这样的:除非我们把我们的世界看作是一桩正在行进之中的事业,否则我们似乎就无从理解它。除非我们知道"事物是怎样成为它们现在的这种样子的",否则我们就无法确切了解它们。而且使我们关注的还不仅是——或主要是——外界事件的一一相续而已。毫无疑问,圣托马斯已经察觉到了一件事是随着另一件而来的。近代头脑的特点就在于他们的意图和决心乃是要把思想和概念、事物的真相和事物本身都看作是变化着的实体,它们的特性和意义在任何时刻都只由于把它们看成一场分化、展开与耗损和补充的永不休止的过程之中的若干质点才能加以把握。假如让圣托马斯来要求我们界定任何事物——比如说,自然法,让他来要求我们告诉他它是什么,我们就办不到了。但是,只要有足够的时间,我们却可以向他叙述它的历史。我们就能告诉他,自然法迄今为止都曾采取过哪些各不相同的形式。具有历史头脑乃是近代思想中如此之重大的一桩预设的观念,以至于我们要辨识某一桩具体事物就只能是凭借着指出它在成其为该具体事物——而它马上就会不再成其为事物——之前所曾相继形成过的各种不同事物。

除了这条达到知识的历史学途径,我们还有另一条甚至于更加使人投入的途径,即科学的途径。正如历史学已经逐步取代了神学,同样,科学也已取代了哲学。哲学的确要比神学更好得多地在近代世界里设法保全了自己的形象,而且就在当前的时刻也不乏有许多更新的迹象在它那座古老并多少有点残破失修的旧居里面进行着。然而明显的是,它以往的那种无可争辩的统治权,早已经被自然科学篡了位。在圣托马斯的手里,哲学是以"演绎的"逻辑为其精确程度的工具的,那是建立一种合理世界的方法,其目的是要调和经验与天启的真理。但它使得后世要去检察人类史上种种事实的那些影响,却也引导了他们要去检察自然现象的种种事实。历史学的兴起和科学的兴起,仅只是同一种冲击的两种结果而已,仅只是近代思想之脱离对各种事实的过度合理化而要回到对事实本身加以更仔细和不涉及利害关系的考察上面来的那一总趋势的两个方面而已。

比如说,伽利略(无论从哪方面说,他绝非第一个人)并不过问亚里士多德关于落体都说过些什么,或者是设想十磅的重量要比一磅的重量落地更快究竟是不是合理。他对这个问题采用了科学的方法。他从一个斜塔上抛下了两个重体,重量差别为 10 比 1,并且注意到了这一事实,即两个落体是同时落到地面上的。[1] 他事实上是在说,在这样的一个世界里,这便是落体的行为方式。假如那在一个合理的世界里是不可能的,那么我们所生活于其中的这个世界就是一个不合理的世界了。各种事实才是首要的,而且是主要与我们有关的:它们是顽强的并且是不可简约的,而我们又无法把握它们。它们可能是与理性一致的,让我们希望它们是的;但是它们究竟是不是,乃是一个有待决定的事实问题,正如其他任何问题一样。

观点上的这种微妙的转移,或许是近代思想史上最为重要的事件,但是它那内涵却不是马上可以为人理解的。哲学还在继续君临天下,而在 18 世纪当它的头衔上又加上了一种新字样的时候(它自称是自然哲学),却没有人注意到这一事实是不祥之兆。伽利略和他的后继者们也都是哲学家,主要是哲学家,因为他们那些了不起的、基于观察与

---

[1] 广为流传的伽利略在比萨斜塔上进行落体实验的故事,在史料上并无根据。——译者注

实验的发现,揭发了世界上那么多秘密的地方,并且由于许诺要把神秘驱逐出宇宙之外,便使得宇宙比起他们所发现的,更为明显地合乎理性。从此以后,自然规律和自然界的上帝看来便只是同一回事了;而且既然上帝亲手制作的每个部件到时候全都可以被合理地加以证明,那么一个明智的人就可以以一种最低限度的信念生活得很不错——当然,对自然界的行为一致性的信念以及发现它那 modus operandi (运作方式)的理性能力的信念除外,而这个例外是巨大惊人的,但在当时却几乎没有被人注意到。

在 19 世纪的历程中,这种乐观的看法却被蒙上了一层阴影。事实与理性的联姻、科学与自然界普遍法则的联姻已显得有点尴尬;而到了 20 世纪,它就——并非毫不沮丧地——完全解体了。自然哲学被转化为自然科学。自然科学就变成了科学,而科学们则摒弃了以往自己曾经引以为荣的哲学家这个头衔,认为那是对个人的一种侮辱。把人和他的世界当作由一位睿智的"宇宙创造主"所设计出来的一部精巧有效的机器这一看法,就逐渐地消逝了。科学教授们不再以任何肯定的信心谈论自然法则了,而是满足于以并未削减的热忱但又不带有任何神学的含义去钻研他们自己的专业:对成其为宇宙实质的某种事物进行观察和实验,测定并掌握它的力变和运动。劳埃德·摩尔根[1]说:"科学是专门与形态的变化打交道的,它追踪被观察到要出现的各种加速度,而把背后的作用——假如有的话——留给形而上学去处理。"[2]

大家都知道,追踪这种有限的目标,即把科学方法减缩到它的最低

---

[1] 劳埃德·摩尔根(Lloyd Morgan,1852—1936),英国动物学家。——译者注
[2] 《对自然的解释》,第 58 页。

条件,其结果曾经是令人惊异的。无需说,我们是生活在一个机器的时代,发明的艺术乃是我们最伟大的发明;或者说,在短短的 50 年间,生活的外在条件已经被改造了。我们却不曾更好地了解,这种令人惶惑的经验已经使我们的头脑发生了一种新倾斜。新发现和新发明不再是我们可能怀着敬畏之情加以看待的那些幸运的偶然事件的结果了。它们全都成了日常工作的一部分,被人有意地在设计着、预期着并被按照程序引致出现。新奇性已经不再能激发人们的惊讶了,因为它已经不再成其为新奇性了;相反地,我们已经变得如此之熟悉于奇异,以至于奇异竟成为通常习见的事物本性了。天上地下没有任何新事物是我们在实验室里所不曾梦想到的;而且确实,假如明日复明日居然未能向我们提供什么新东西来挑战我们重新调整过的能力的话,我们倒真的应该惊讶了。科学已经教导我们:要费力去理解我们所使用的种种事物的"深层的作用机制"是枉然的。我们已经发现,我们并不懂得汽化器是如何运转的就能驾驶汽车,我们并没有掌握辐射作用的秘密就能听收音机。我们确实没有时间站在那里惊愕不已,无论是对我们头上的星辰满布的天穹,还是对我们心中的弗洛伊德[1]的情结。要加以处理和使用的种种事物,其繁复性是如此充分地吸引了我们的注意力,以至于我们既没有闲暇,也没有愿望再去给如此之高效率地在使它们起作用的那种力量寻找出一个合理的解释。

　　漫不经意地耸耸肩膀就把深层的作用机制一笔勾销之后,我们就相安无事了。科学的大祭司甚至要比常人更加是这门艺术的大师。近

---

[1]　弗洛伊德(Sigmund Freud, 1856—1939),奥地利心理分析学家。这里的这句话,作者是仿康德《实践理性批判》结论中的话"我头上的星空和我身上的道德律"。——译者注

代思想最令人费解的讽刺之一便是,人们曾一度寄予厚望的科学方法本是会把神秘驱逐出这个世界的,却使得这个世界一天比一天更加无法解释。物理学是被人认为已经摆脱了对形而上学的需要的,却由于其本身所固有的研究而被转化为一门最为形而上学的学术。物理学家越是专心致志地观察这个世界的物质实质,所看得见的东西也就越少。在物理学家的匠心经营之下,牛顿物理学的实体世界已经被融解为一套辐射性的能量。没有任何精巧的工程师或是"最高的推动者"本能够设计出这个世界,因为这个世界用机械力学的术语已经不再能充分为人所理解了。怀特海教授问道:"当你不知道你所说的力学是什么意思的时候,谈论力学又有什么意义呢?"[1]我们得知,如果我们规定了任何东西的位置的话,它就不再具有可以确定的速度;而如果我们肯定了它的速度,它就不再有可以确定的位置。宇宙据说是由原子构成的,一个原子据说是由一个有许多电子在确定的轨道环绕着它旋转的原子核所构成的;但是实验似乎表明,一个原子由于只是对它自己才最清楚的原因,是同时在两个轨道上运行的。伽利略观察事物行为的那种常识方法,即紧紧盯住可观察到的事实的方法,就把我们带到了这样的一点:它终于向我们呈现出一种为常识所摒斥的事实。

我们能做什么呢?理智和逻辑无疑地都在痛苦地啜泣;但是我们早已懂得不要过分去干扰理智和逻辑。在以前,逻辑被看作是我们身外的某种东西,是某种独立存在的东西;假如我们愿意的话,它就可以牵着我们的手,把我们领到真理的道路上去。现在我们却疑心,它是心灵所创造出来的某种东西,是要遮掩自己的怯懦,是要鼓起自己的勇气,是要故意制造一种骗局以便把正式的有效性赋予我们所愿意接受

---

[1]《科学与近代世界》,第 24 页。

的结论,假如其他每一个处于我们场合的人也愿意的话。假如所有的人都会死(设定),并且假定苏格拉底是人(在设定的意义上),那么无疑地苏格拉底也必然会死;但是我们却疑心在把这一切交付给三段论去检验之前,我们已经多少知道这一切了。逻辑有一套繁复化的办法来回应观点的变化。最初有一种逻辑,然后有两种,然后再有好几种;所以现在按一位权威的说法——假如《不列颠百科全书》的一位撰稿人斗胆搞一点幽默,就可以成为一个权威的话——"逻辑的国度就是士师[法官]手下的以色列国度,每个人都去做自己眼里认为是正当的事"。[1] 尽管怀有对数学逻辑(它必须只是和概念而不是和事实打交道)与对概率逻辑(凯恩斯先生[2]向我们保证它具有或然的有效性)的全部应有的认可,演绎逻辑和归纳逻辑的牢固基础却已经被可以认定的种种事实打得粉碎了;因而我们确实是别无选择,我们只好紧紧抓住各种可以认定的事实,尽管它们伤害了我们。

　　所以物理学家们就紧盯住可以认定的各种事实。假如逻辑学敢于以法则的名义提出抗议的话,他们就懂得怎样去抗衡它;于是当他们继续进行非法活动时,它看来却顺顺当当地仿佛是另一种样子,例如(威廉·布莱格[3]爵士就担保它)那事情便是"每星期一、三、五教光的波动论,每星期二、四、六教光的量子论"。于是,我们无需惊讶便可以知道,当其适合于物理学家的方便时,物理学家就把原子核和电子并不看作是某些实体,而只不过是辐射作用,这时物理学家并没有干什么

---

〔1〕 《旧约·士师记》第 21 章,第 25 节:"那时以色列中没有王,各人任意而行。"——译者注

〔2〕 凯恩斯(John Maynard Keynes,1883—1946),英国经济学家、数学家。——译者注

〔3〕 威廉·布莱格(William Bragg,1862—1942),英国物理学家,1915 年诺贝尔物理学奖获得者。——译者注

事——这样就漫不经意地把实体世界化解成为各种相斥和相吸的速度的堆积，而我们也就被诱导要相信这些速度，因为它们可以从数学上加以认证并加以利用。或许正如金斯教授所提示的那样，我们所生活于其中的这个世界是由一位数学家所设计的。确实，假如它可以极其容易地用数学公式的术语加以理解的话，又为什么不是呢？我们知道两个苹果加两个苹果等于四个苹果。我们总是认为不言而喻的是，苹果是存在的；但是我们很容易理解，哪怕是任何地方都没有发现苹果的话，二加二等于四也还是真的。没有苹果，数学家也还是照样前进，而且确实还前进得更好，因为苹果除了数目而外还有别的属性。因此，当物理学家遭到强烈的逼迫时，他就变成数学家去解决他的难题。作为数学家，他可以计算已观察到出现了的各种速度，同时向我们保证，各种速度可以很现成地归之于实在的电子，只要具有这些速度的实在的电子曾经出现过的话。确实绝不会有令人失望的情况：我们的世界是可以计算出来的，哪怕它并不存在。

或许我已经说得够多的了，足以提示说：近代舆论气候的性质乃是事实性的更有甚于是合理的。支撑我们思想的那种气氛是如此之充斥着现实性的东西，以至于我们只消有最低限度的理论性的东西，就很容易过得去了。我们必须以历史的观点和科学的观点来观看我们的世界。历史地看，它似乎是某种正在形成之中的东西，某种最好也只能是尝试着要加以理解的东西，某种我们要以最小可能的压力而使自己得以适应的东西。科学地看，它似乎是某种被接受的东西，某种被操纵和掌控的东西，某种用尽可能小的压力来调整我们自身的东西。只要我们能有效地利用事物，我们就觉得没有任何不可抗拒的需要要去理解它们。毫无疑问，主要地正是由于这一原因，近代的心灵处在一个神秘的宇宙之中竟可以轻松得如此之惊人。

三

　　所有以上这些都不过是作为引论。我选定要谈的是 18 世纪的政治社会思想的某些问题,是有关"*Philosophes*"(哲学家们)[1]的某些问题。假如我能高高在上对他们宣告判决,权威性地评估他们哲学的价值,说出它在哪些地方是真确的、哪些地方是虚假的——我只消做到这一切,那就很了不起了。但不幸的是,这是不可能的。我既是生活在 20 世纪,就要受到我的时代各种先入为主的观念的限制。因此不可避免的是,我应该从历史的观点来着手这个题目;而且假如我曾经煞费苦心地要以但丁那时候舆论的气候和我们自己时代的来对比,那只不过是为了提供一个历史背景,以便把"*Philosophes*"(哲学家们)的各种观念置于其中。在历史学家能够对牛顿和伏尔泰做出任何研究之前,他必须说明一点:历史上他们是出现于但丁和托马斯·阿奎那之后与爱因斯坦和韦尔斯[2]之前。我认为我们很值得把他们置于这种关系之中并以这种模式去观察他们,因为近代的心灵对于以这种方式来观察人物和事物有着一种偏爱,这样做它就会发现有一种高度精神上的满足;而精神上的满足是永远值得的,理由很简单,就是因为当心灵对自己所看到的那种事物模型感到满足时,它就有了它所谓的对事物的某种"解释"——它就发现了它们的"原因"。所以我的目标就是要表明它既关系到以前所出现过的某些事物,又关系到以后所到来的某些事

---

[1]　*Philosophe* 一词为法文的"哲学家",但此词在历史上专指 18 世纪启蒙运动的思想家。——译者注

[2]　韦尔斯(H. G. Wells,1866—1946),英国作家。——译者注

物,从而从历史的观点对 18 世纪的思想提供一种解释。

我们习惯于认为 18 世纪在其气质上根本是近代的。诚然,*Philosophes*(哲学家们)本身在摒斥中世纪基督教思想的迷信和骗局上迈出了一大步,而且我们通常也愿意就以他们的言论来看待他们。我们说,18 世纪确实主要是一个理性的时代,这些 *Philosophes*(哲学家们)确实是一群怀疑主义者,在事实上——如果不是在专业上——是无神论者,醉心于科学和科学方法,随时准备去砸烂一切不名誉的东西[1],他们是自由、平等、博爱、言论自由以及你所愿望的一切东西的英勇卫士。这一切都很真确。然而我却认为这些 *Philosophes*(哲学家们)比起他们所十分自信的或者我们通常所想象的,更为接近于中世纪,更未能从中世纪基督教思想的成见之下解放出来。假如我们在赋予他们以一种良好的近代特征时做得过当(或不够)的话,那原因乃是他们在说着一种通常惯用的语言。我们阅读伏尔泰要比阅读但丁更轻松得多,我们追循休谟的一个论据要比追循一个托马斯·阿奎那的更容易得多。但是我认为,我们欣赏的是他们的表面更有甚于他们思想的根本。我们容易同意他们那机智俏皮和愤世嫉俗的时刻更有甚于他们是全心全意认真的时刻。他们所否定的而不是他们所肯定的,使得我们把他们当成是同类相应的精神。

但是如果我们观察一下他们信念的基础的话,我们就发现这些 *Philosophes*(哲学家们)在每一个关键上都透露出,他们有负于中世纪的思想却又并没意识到这一点。他们谴责基督教的哲学,但太过分了,他们在模仿着的只不过是从他们所鄙视的那些"迷信"之下半解放出来的人们的作风。他们抛弃了对上帝的畏惧,却保持着一种对

---

[1] "砸烂一切不名誉的东西"(*Ecrassez les infamé*)为当时启蒙运动的口号。——译者注

神明的尊敬态度。他们嘲笑了宇宙是在六天之内创造出来的[1]这种想法，但仍然相信它是被一个至高无上的存在者按照一个合理的计划所设计出来的一架精美的机器，作为人类的居留所。毫无疑问，伊甸园[2]在他们看来是一个神话，但是他们满腔欣羡地在回顾着罗马美德的黄金时代，或者要远涉重洋去寻找宾夕法尼亚所盛行的那种阿迦底亚式[3]的文明未受污染的无辜状态。他们否定教会和《圣经》的权威，但对自然界和理性的权威却表现出一种天真的信仰。他们鄙视形而上学，却对被人称为哲学家感到自豪。他们看来似乎有点早熟地就调换了天堂，因为他们还保留着自己对灵魂不朽的信仰。他们勇敢地谈论无神论，却不能在外人的面前。他们勇敢地保卫宽容，却很难宽容教士们。他们否认曾经出现过奇迹，却相信人类的完美性。我们觉得这些"哲学家们"同时既太轻信又太怀疑。他们是常识的受害者。尽管他们有理性主义和人道的同情心，尽管他们有对欺骗、狂热和昏暗观点的憎恶，尽管他们有热忱的怀疑主义、动人的愤世嫉俗、对神明勇敢而生气勃勃的亵渎，以及高谈阔论要用最后一名教士的肠子吊死国王——尽管有着这一切，在这些 *Philosophes*（哲学家们）的著作中却有着比我们的历史书所曾梦想到的更多的基督教哲学。

　　在以下的几讲里，我将努力阐述这一主题。我将试着说明，18 世纪所根据的那些先入为主的成见在本质上和 13 世纪的仍然一样，虽说可以

---

〔1〕　上帝于六天之内创造世界，见《旧约·创世记》第 1 章。——译者注

〔2〕　伊甸园（Garden of Eden）为人类祖先在堕落以前所居住的天上乐园，见《旧约·创世记》第 2 章。——译者注

〔3〕　阿迦底亚（Arcadia）为古希腊的一邦，居民以生活纯朴幸福著称。——译者注

承认在偏见上有某些重大的改变。我要试图表明,这些 *Philosophes*(哲学家们)砸烂了圣奥古斯丁的《天城》[1],只不过是要以更时新的材料来重建它罢了。

---

[1] 圣奥古斯丁(St. Augustine,354—430),中世纪早期最有影响的教父,《天城》(或译《上帝之城》)一书是他的主要著作。——译者注

第二章　自然法与自然界的上帝

Qu'est-ce que la loi naturelle? C'est l'ordre régulier et constant des faits, par lequel Dieu régit l'univers. (什么是自然法？那就是上帝用以治理宇宙的那种有规则的而恒常的事物秩序。)

——伏尔内[1]

一

当我们想到 *Philosophes*(哲学家们)的时候,我们首先而且是理所当然地就要想到人们谈得那么多以至于变得举世熟知的那些法国名人:孟德斯鸠、伏尔泰和卢梭,狄德罗、爱尔维修和霍尔巴赫,杜尔哥、魁奈和孔多塞——这里只提一些最有名的。假如我们对于作为法国大革命的前奏曲的启蒙运动感兴趣的话,那么我们就会像大多数作家那样很容易忘记:法国并不是受到"哲学家们"赐福(或者说诅咒,假如你愿

[1]　伏尔内(Constantin Volney,1757—1820),法国作家。——译者注

意的话)的唯一的国度;但是既然我们更为关切的乃是启蒙运动那些先入为主的成见而非它的后果,我们要很好地注意到:这里的问题并不是一种特殊的法国舆论的气候,而是一种国际舆论的气候。莱布尼茨、莱辛和赫尔德,甚至于青年歌德(以他某种变化着的方式);洛克、休谟和博林布鲁克,弗格森和亚当·斯密,普莱斯和普利斯特雷[1];还有新大陆的杰斐逊,他那敏感的头脑把思想气氛中每一项新颖的颤动都捡了起来并传播下去,还有费城的富兰克林[2]这位出版家和人类之友——这些人不管可以表现出什么样的民族的与个人的特色,全都是启蒙运动的真正儿女。哲学的王国是一片国际领地,法国只不过是它的母国,巴黎则是它的首都。无论你愿意走到哪里——英国、荷兰、意大利、西班牙、美国——到处都会遇到他们这些“哲学家”,说着同样的语言,被同样舆论的气候维系着。他们是属于一切国家的,并不属于某一个国家,他们公开宣称效忠于全人类,他们最渴望的事莫过于被人列入“属于那些少数人的行列,他们凭借自己的才智和作品足以配得上人道的精神”。[3] 他们是世界公民,是被解放了的人们,在谛视一个看来像是全新的宇宙,因为它是那么新鲜地洋溢着光彩,在这个宇宙里每一桩值得过问的事都是看得见的,而每一桩看得见的事看来都是毫无阴翳的,而且归根到底却是简单得出奇并且对人类的心灵、对“哲学家们”的心灵又是明显昭彰可以理解的。

----

[1] 博林布鲁克(Bolingbroke, 1678—1751),英国政治家、哲学家;弗格森(Ferguson, 1723—1816),英国政治学家;普莱斯(Richard Price, 1723—1791),英国政治哲学家;普利斯特雷(J. Priestley, 1733—1804),英国化学家、神学家。——译者注

[2] 杰斐逊(T. Jefferson, 1743—1826),美国独立的领导人、美国第三任总统;富兰克林(B. Franklin, 1706—1790),美国政治家、科学家、作家。——译者注

[3] 格林(Grimm), *Correspondance littéraire*(《文学通讯》)卷 IV, 第 69 页。

　　关于"哲学家们"，仅只为了对他们公平起见，有一个重要之点是应该提到的，尤其因为很少有作家是不嫌麻烦肯提到它的：那就是，这些"哲学家们"并不是哲学家。我的意思是说，他们并不是哲学教授，而哲学教授的工作就是要出版有关认识论和类似题材之有系统的而又枯燥的各种论文。无疑地，也有例外。莱布尼茨、洛克和休谟，或许也有亚当·斯密，可能还有爱尔维修，是被发现要归类入哲学的，在正式的哲学史中是要提到的。然而绝大部分的"哲学家"都是文人，他们写书是意在供人阅读的，而且设法要传播新观念，或者是对旧观念投射出新的视线。我只消提到一件事：伏尔泰写过许多剧本、历史、故事，并且还为不幸缺乏数学知识的绅士淑女们写过一本有关牛顿物理学的入门书；富兰克林是一位科学家、发明家、政治家、外交家、政治经济学家、道德学家，还是第一位也是最成功的北美"专栏作家"；狄德罗除了是位文艺编辑和《百科全书》的倡导者，还是一位新闻记者，他写下了凡是触动过他那活泼的想象力的每一桩事物——论艺术沙龙、有关宇宙的机械论理论的社会意义、对修女的感情压抑的不良效果；卢梭捍卫了艺术有害于人类的这一论点，他在写作政治宣传品和教诲性的传奇中运用了高度的艺术；马布里[1]写过一部悠长的历史来证明法国曾一度拥有的——但已有点被人遗忘了——一套最令人惊叹的政治体制。

　　但是假如"哲学家们"并不是哲学家，他们却也像他们近代的那些对应者们一样，是有一种哲学信念要传达的。他们是热忱要向人类传播好消息的使者。他们是无所为而为的吗？是客观上超然物外的吗？一点都不是。切不要想在这些"哲学家们"的身上寻找这类高尚的德

---

〔1〕　马布里（Mably，1709—1785），法国哲学家、历史学家。——译者注

行,尤其是不可在他们坚持它们的时候。毫无疑问,客观的态度有时候是找得到的——在牛顿和他同行们的科学论述中,或许在富兰克林或休谟的某些著作中。但是要做一名人类舞台的袖手旁观者,那可就不是他们的特点了。确实,正如人人都知道的,你可以发现大量愤世嫉俗的机智,尤其是在伏尔泰那里。但机智却只是过分肤浅的愤世嫉俗,而不可能超出表面的刺激。在 17 世纪要比在 18 世纪、在 Libertins(自由思想家)那里要比在 Philosophes(哲学家)那里可以发现有着更带根本性的悲观主义。休谟和富兰克林的幻灭是足够深刻的了,但那却在一种并不冒犯任何人,尤其是并不冒犯他们自己的友好的讥讽之中,找到了一条轻松的宣泄途径。伏尔泰的愤世嫉俗不像腓特烈大帝[1]的那样孕育在骨子里;它也不像拉·罗什富科[2]的那样是一位显赫的要人之无动于衷的冷血式的体系化;它更不像帕斯卡尔的那样,是一种困扰着内心的致命的精神病。它全部都呈现在表面上,所表现的只不过是一颗柔韧而无法压抑的心灵的游戏,或者说是一个愤怒的理想主义者的尖锐的躁动不安。尽管写了《天真汉》[3]和其他的一切,伏尔泰却是一个乐观主义者,虽说并不是一个天真的乐观主义者。他是崇高理想的保卫者,而且并不是那些已经失去了的崇高理想的保卫者——他是一名发誓要夺回真诚信仰(即人道宗教)的圣地的十字军。伏尔泰是怀疑主义者 ——这真是奇怪的误解。恰恰相反,他是一个怀有信念的人,是一个好好地打讨仗的使徒,至死也不疲倦,写过 70 卷大书来

---

[1] 腓特烈大帝(Frederick the Great, 1712—1786),即普鲁士王腓特烈二世,1740—1786 年在位。——译者注

[2] 拉·罗什富科(La Rochefoucauld, 1613—1680),法国作家。——译者注

[3] 《天真汉,一名乐观主义者》(Candide ou la Optimisme),或译《憨第德》,是伏尔泰所写的小说。——译者注

传播要使我们得以自由的真理。

在这一点上,我或许应该提到已成为陈词滥调的"热忱"一词。难道 18 世纪(18 世纪早期)的作家们,通常不是以严格的尺度在坚持要保持冷静而不可逾越常识的范围来召唤那种美德吗? 当面对着"热忱"的事例时,他们不是甚于有点激动和蔑视吗? 他们确实是如此,而麻烦就正出在这里。蔑视并非就是超然物外。"哲学家们"对于热忱的反感,并没有把他们带到漠不关心的高度。他们对于热忱的反感,其本身便是一种热忱,是他们坚决摒斥一切对于感官并不是明显昭彰的东西的一个标志,是他们对于开放和不受一切腐朽的、封闭的心灵密室污染的值得称赞的热情的一个标志。在这一点上,最好的事例——最好的而又最具讽刺意义的——便是休谟。一点不错,正是休谟这位常识的化身僵硬地以一种朱庇特[1]式的避免热忱而自豪。确实,有谁能像他那样非常适合对人世的景象做一个袖手旁观者呢? 他具有这样做的气质,而且他的哲学思辨使得他完全摆脱或者说应该摆脱了幻想,因为其哲学思辨使他得出结论说,事物的终极原因"并不扬善贬恶,正犹如并不扬热贬冷"。[2] 但是给热忱留下的范围竟如此之狭小的这一结论,甚至对于休谟本人也太过分了,他在 1737 年写道:

> 我目前正在阉割我的作品……也就是说,我正在力图使它尽可能地不至于冒犯别人。……这是一种怯懦。……但是我决心在谴责别人的热忱时,使自己在哲学上不要成为一个热忱主义者。[3]

---

〔1〕　朱庇特(Jove,即 Jupiter)为罗马主神。——译者注

〔2〕　《自然宗教对话录》(1907 年版),第 160 页。

〔3〕　伯顿(J. H. Burton),《大卫·休谟的生平与书信集》卷 1,第 46 页。

这似乎是过于敏感了——要避免热忱甚至于到了不肯把一种悲观主义的论证推到它那逻辑结论的地步。我以为休谟要对怀疑主义进行软刹车的真正原因就在于他觉得这类消极的结论是没有用的。他写道：

> 一个提出一种理论导致危险而有害的实践的人，不管那理论是多么真实……只能得到一种恶报。为什么要去扒弄自然界的那些角落呢？它会弄得四周的人都讨厌的。……对社会有害的真理——如果有任何这样的真理的话——将会得出令人欣慰而有益的错误来。[1]

无论如何，休谟在他事业的中途就放弃了哲学思辨，转而从事其他题目，如历史学和伦理学，这些题目都可以诚实地加以对待而不至于冒犯别人，而且从中可以得出有用的教训来。这位怀着一种纯洁的感情而憎恶热忱的怀疑主义之王，就通过这条弯路而找到了自己通向可以被认为是"非常之配得上人道精神"之列的那条大道。

对这一切，休谟都是他那个世纪的代表。其特征的基调并不是一种幻灭的冷漠，而是要把事务摆正的那种热烈的说教冲动。*Bienfaisance*（仁爱），*humanité*（人道）——我们知道这些都是"哲学家们"以世俗的词句缔造出来表达基督教服务理想的新词汇。在这一点上，就不禁使人想起了那位诚挚可爱又劳而无功的圣皮埃尔神父[2]了，这是一个"被人人所嘲笑、唯独他本人却是严肃而绝不发笑的人"。[3] 这位神父是怎样地在上帝的地上葡萄园里辛勤地劳动着啊！

---

〔1〕 《文集》(1767) 卷 II，第 252—253 页。

〔2〕 圣皮埃尔神父 (Abbé de Saint-Pierre, 1658—1743)，法国作家。——译者注

〔3〕 引自圣-佩甫 (Sainte-Beuve, 1804—1889，法国作家) 的拉布鲁意叶 (La Bruyére, 1645—1696，法国作家)，《星期二》，XV，第 257 页。

他写过多少"规划"呀,有很多是对人类的改进有用的建议——《使冬季道路畅通无阻的建议》《改进行乞规划》《使公侯们成为有用之人规划》。然后突然有一天他这样告诉我们说:"我的头脑里有了一项规划,它以其伟大的美妙震惊了我。它占据了我十五天来的全部注意力。"〔1〕那结果我们知道便是《制定欧洲永久和平规划》!

　　好,就让我们和别人一道也来嘲笑这位神父吧,然而难道他对这些建议的 penchant(癖好)不使我们联想到杰斐逊吗?难道他对改进的热情不令我们回想起穷理查〔2〕吗?就让我们尽情地嘲笑他吧,可是要牢牢记住:我们这样做的时候,是在嘲笑 18 世纪,嘲笑它那对人类福祉全心全意的关怀,嘲笑它那对种种建议的"癖好"。确实,在这一近代世界春光明媚的季节里,有谁不是制造着或梦想着种种规划呢?法国绝大多数的科学研究院除了在讨论、争论和制定各种规划之中享受到一个欢乐的时辰之外,又还有什么事可做呢?《百科全书》是什么?大革命本身又是什么?确实,也不外乎是各种宏伟的规划而已。确实,(面对着我们的问题是)这个启蒙了的 18 世纪都在做什么?它在世界上究竟有什么意义呢?假如不恰好就在于这一点的话:它怀着极其真诚的目的,以滔滔不绝的论证、热情洋溢的宣传以及预期着的后世的感恩而流下了并非不幸福的眼泪;它把自己全部的精力都奉献给了要勾绘那幅前所未见的极其天真纯朴的规划,要使得王侯们变成为有用的人,要开辟追求幸福所能利用的一切途径,要向人类保障自由、平等和情爱的赐福。或许这项规划比起圣皮埃尔神父的那些,并不是那么徒劳,或许它只是看来好像如此;然而它却终究是被同一个理想所鼓舞

〔1〕　德鲁艾(Drouet,1763—1824,法国政治家):《圣皮埃尔神父》,第 108 页。
〔2〕　"穷理查"指富兰克林《穷理查年鉴》一书中的格言。——译者注

的,即基督教的服务理想、那种要摆正一切事物的人道主义的冲动。

我并没有忘记,在这个世纪的行程中应该注意到,要把事情摆正的这种教诲性的冲动在其外在的表现上曾经有过一种变化。大约在1750 年,理智清醒的人们变成了多愁善感的人,而多愁善感的人马上就开始哭泣起来。随后一个世纪里的眼泪往往被人归之于卢梭的影响,我以为这是错误的。确凿无疑的是,狄德罗在认识卢梭之前就流过眼泪了,而且在他与卢梭吵翻了以后,仍然在继续流泪。早在1760 年,这种做法已经是如此之习见,以至于当有一天贾利亚尼[1]这位神父向狄德罗承认他自己一生之中从来没有流过一次眼泪时,狄德罗惊讶不已;而在此前几年,丰特奈尔[2]声明他已经"把感情都交给了*églogue*(田园诗)"时,竟惹起那位冷峻而正直的格林[3]一种几乎是厌恶的情绪。[4] 风尚方面的这场变化很容易形成太多的事情。一种丰特奈尔的矜持或者是一种狄德罗的奔放都只不过是外表的特色——是一种内在的优美风范的外表特色;他们会让你知道那是远比宗教徒的优美风范更为有效的一种内在的优美风范。然而"哲学家们"却比他们自己所知道的更为接近于宗教徒。他们是基督教新教和冉森教派[5]的世俗继承人。他们对热忱的反感,实际上无非是反映他们的惶惑不安的一个尺度。人类曾经那么长时期地被神甫们和郎中们所蒙

---

[1]　贾利亚尼神父(Abbé Galiani,1728—1787),意大利作家,经济学家。——译者注

[2]　丰特奈尔(Fontenelle,1657—1757),法国作家。——译者注

[3]　格林(Friedrich Melchior Grimm, 1722—1807),德国作家,《文学通讯》杂志主编。——译者注

[4]　*Correspondance Littéraire*(《文学通讯》)卷Ⅲ,页345。

[5]　此派创始人为冉森(Jansénius,即 Cornélius Janssen,1585—1638),是新教中加尔文教派的变种。——译者注

骗,这些人玩弄着他们的把戏而且还在继续玩弄着,把庸众们的头脑轻而易举地裹上了一层温暖多情的迷雾——一想到这一点,就使得他们这些启蒙了的人激怒不安。格林大声疾呼道:"使人类屈服于神甫们的暴政的羁轭之下,曾用了多少个世纪;要获得人类的自由,也要用上多少个世纪与一系列的努力和成就。"[1]但我们不可受骗。尽管他们有着嘲弄和机智,尽管他们有着正确的风度和分寸得宜的文章,然而我们在圣者们的每一个音符里仍然可以听到那种绝望的呼声:"要多么久啊,主啊,还要多么久!"

而这一点并不需要太久,假如"哲学家们"能有自己的办法的话。而且他们一心在想办法。他们一心要找出冷酷无情的事实,一心要破坏装神弄鬼的骗局。那种类型的热忱确实是被清除了,却只是被另一种要追求事物的简单真理的热忱所取而代之,不管那在外表的宁静之下隐蔽得是何等巧妙。他们事先知道真理会使他们自由,所以他们就期待着一种特殊品牌的真理,那是一种会站在他们这一边的真理,是一种他们在自己的事业中可以加以运用的真理。有某种确切的本能在警告他们说:知道得太多是会有危险的,并且"理解一切也就是原谅一切"。他们从错误之下被解放出来还为时太近,以至于无法超然物外地去看待错误;又太渴望着传播光明了,以至于无法享受暂缓做出判断的那种闲适的奢侈。他们解放了自己之后,意识到有一种使命要去完成,有一条信息要传布给全人类;而对于这种救世主似的事业,他们是满怀着极大的诚挚信心、献身精神与热忱的。我们可以注视到这种热忱,这种对自由与正义、真理和人道的热情在整个这[18]世纪中一步步地高涨,直到它成为一种谵妄症,直到它的某种象

---

[1]　*Correspondance Littéraire*(《文学通讯》)卷 V,第 389 页。

征的意义于 1794 年 6 月 8 日那场半可赞叹半可悲叹的场面登峰造极，那时公民罗伯斯庇尔[1]一手拿着花束一手擎着火炬，点燃了要清除世界上的无知、邪恶和愚蠢的熊熊烈火，从而为新的人道宗教举行了奠基礼。

理性时代的这些十字军已经被否定得太多了，被 19 世纪否定得太多了，因为 19 世纪不喜欢那些启蒙的人们；也被我们自己的[20]世纪否定得太多了，因为我们不喜欢维多利亚时代的人们。他们那些否定往往更多地只不过纯属表面上的愤世嫉俗，而这些表面上的愤世嫉俗并不如我们所倾向于想象的那么多。试举伏尔泰的一个机智敏锐的光辉例子："历史学终究只不外是我们对死人所玩弄的一套把戏罢了。"啊，是的，我们要说它是何等地真确，我们要惊讶伏尔泰能如此之深刻。然后我们就认识到，他并不真是那个意思。对他来说，那不过是一种机智，是要给那些不诚实的历史学家们戴帽子，可是我们所看到的却是它以可能最简捷明确的方式总结出了一条深刻的真理，那条真理就是：一切历史学的著作，哪怕是最诚实不欺的历史著作，也都无意识地是主观的，因为每个时代不管它本身如何，都必定要使死者为了这时代认为有必要使自己心安理得而去扮演任何把戏。这就引导我们重新思考他的另一个说法："没有什么事情比莫名其妙地被人绞死，更加令人困惑的了。"我们要疑问，究竟他理解不理解这一意蕴丰富的说法的全部内涵，正如我们所理解的一样？究竟他理解得是不是也像我们一样，或者是想得也像我们一样，即他和他的那些兄弟 *Philosophes*（哲学家们）为了自己那点点英勇的亵渎神明而被引人注目地（即使是把肖像）悬竿

---

〔1〕 罗伯斯庇尔（Robespierre，1758—1794），法国大革命的领袖，"公民"为法国大革命时人们相互间的称呼。——译者注

示众的话,就必定会大大满足他们对自由和正义的热忱。

但是假如我们对他们的否定理解得太好,那么我们就不免要过分地接受他的肯定并把他们的信仰宣誓认作是理所当然的了。就让伏尔泰来界定自然宗教说:"我所理解的自然宗教乃是对全人类的普遍道德原则。"[1]假如我们不觉得太讨厌的话,我们就要问一个聊以塞责的问题,什么是道德?却并不期待着有一个答案。假使我们偶尔确实是在关注着肯定答案的话,那么它们就会使我们惶惑。针对着这位"天使博士"(Angelic Doctor)对自然法的定义,伏尔内提出的定义是:

> 上帝用以统治宇宙间种种事实的永恒常在的秩序、他的智慧向人类的感官和理智所展示的秩序,就向他们提供了一种平等的和共同的行为规范,不分种族和宗派去引导着他们走向完美与幸福。[2]

这种语言是人们所熟知的,但是这一观念一旦被批判地检验,就和托马斯·阿奎那的一样遥远了。我们要说,假如这是真的,它当然是重要的;不过我们要问:你是怎么很好地认识了上帝和他的目的的呢?是谁告诉你说——因为我们已被引向了要设想是一个怀疑主义者——大自然有着一种永恒常在的秩序呢?而且对于人这种动物(就像是腓特烈大帝所定义的"那个混账的品种"),你怎么能肯定他懂得什么是完美或者会觉得幸福呢,假如有的话?

确实,这种武断的直言肯定是过于简单了。它假设了最需要加以

---

〔1〕《全集》(1883—1885)卷 XXII,第 419 页。

〔2〕《全集》(第二版)卷 I,第 249 页。

证明的一切东西,它未经检验就认定了我们可能想问的一切问题。热衷于同意那么多东西的这些怀疑主义者使得我们复杂的头脑深深感到是过分轻信了。我们觉得他们太容易被说服了,他们的心灵毕竟还是天真的,受到他们那人道的同情心所愚弄,一有机会就赶快跑到大门口去迎接各种陈词滥调和可怜的万灵丹。于是我们近代疲惫的而又有点病态的好奇心,就终于被激发了起来。我们想要弄清楚所有这一切脆弱的乐观主义的原因。我们想要弄清楚支持这种幼稚信心的究竟是什么? 都是些什么未经检验的成见使得这些"哲学家们"竟然能以这种对称的、能以这种明显而毫不复杂的模型去观看世上一切纠缠不清的混乱。或许他们已经得到了某些最新的启示,授权给他们以上帝声音的语调本身来发言? 几十年来我们都听到那位来自日内瓦的羞涩的流浪汉[1]以充满激情的腔调对着一位大主教怒吼出他那傲慢的挑战:"上帝会找摩西来向让-雅克·卢梭讲话,难道这是简单的吗? 是自然的吗?"[2]好,坦率地说,我们不知道。但看来显然的是,卢梭在他的锦囊中对他自己的问题有着某种很好的答案,有着所有的 *Philosophes*(哲学家们)都会肯定认为是某种定论的答案。我们开始察觉到,必定有一条通向天上宝座的秘密通道,有一条秘密的小道是所有的 *Philosophes*(哲学家们)都知道的,有一扇门是对我们关闭的,但是当他们一连加以几下事先默契的轻敲,它就会向他们开放。我们当然愿意进入这扇门。我们当然确实愿意发掘,在卢梭想要知道上帝向他说过些什么的时候,他所寻求的都是什么。

---

[1] "那位来自日内瓦的羞涩的流浪汉"指卢梭。——译者注

[2] 《全集》(1823年)卷Ⅵ,第115页。

二

　　假如我们要想发现在任何时代都能当作通向知识的秘密通道的那扇小后门的话，我们就得好好寻找某些不大容易被注意到的、意义也不大明确的词汇，它们可以无需担心而且不经研讨就从口里或者笔下流出来；这些词汇由于经常被重复，已经丧失了它们隐喻的意义，往往被人无意之中误认为就是客观的实在。在 13 世纪，关键性的词汇无疑应该是上帝、罪恶、神恩、得救、天国等；在 19 世纪是物质、事实、实际、演化、进步；在 20 世纪是相对性、过程、调节、功能、情结。而在 18 世纪，这些词汇——没有它们，就没有一个启蒙了的人能够达到一种令人安心的结论——自然、自然律、最初因、理性、情操、人道、完美性（最后这三个词或许只对于灵心善感的人才是必需的）。

　　在每一个时代，这些奇妙的词汇都会登场和退场。而它们的登场和退场又是何等之难于察觉，我们很难察觉它们的到来或它们的离去，只不过是微微觉得不安，在使用它们时感到有一种羞答答的自觉罢了。"进步"这个词由来已久了，但只是到了这时我们才开始感觉到把它引进上层圈子里来，需要加上引号来缓冲它一下，这是为我们大家都留面子的那种传统的致歉办法。词汇的渊源越古老，就越使我们惶惑。威尔逊总统在［第一次世界］大战期间，由于他坦率承认自己爱"人类"并以"人道"这类为人熟知的术语出现在公众的面前，不是使得我们大感困惑吗？至于上帝、罪恶、神恩、得救——从已经死去的过去引来这些亡灵，我们认为是不可原谅的，它们那些为人所不熟悉的出现使得我们如此之全然莫知所措，而且又如此之有效地（哪怕是在极为有利的情况下）束缚了我们的文风。

这些在 18 世纪堂而皇之的词汇已经不行时了——尽管还要等着看——至少是在高级知识分子的社会里。神学家们确实还在大量使用它们,然而即使是他们也感到要为这样做提出一种合理的辩护来。巴特勒主教[1]有名的《自然的与天启的宗教之类比》(1737)一书无非是许多同类著作中的一种,尽管是其中最细密而又最吃力的一种。但是对于头脑复杂的人、文人和世俗界的人来说,那些专横的词汇却不为人们所欣赏。既然不能怀着不安来论述它们,于是那些启蒙了的"多才多艺的人们"通常就采用了较为含蓄而其含义却更加不妥协的代替词汇或修辞。他们降低了在天城里得救的景象的调子而构成为一幅对"未来状态""灵魂不朽"的朦胧的印象主义的景象,或者说更为一般化的尘世的或社会的 *félicité*(福祉)或 *perfectibilité du genre humain*(人类的可完善性)。神恩被翻译成德行,是带有某种古典含义的德行,其意义正如马蒙代尔[2]所界定的那样: *ce fonds de rectitude et de bonté morale, qui est la base de la vertu*(是成其为德行基础的那种正直与道德善意的基础)。[3] 被尊之为一个有德行的人就既是充分的又是有效的,并且很容易使一个人无须搜索内心就可以享有被社会所认可的状态的一种保证,甚至于享有被完全神圣化的状态的一种保证——假如那种尊敬一般说来就足够了的话。例如,我设想当休谟和富兰克林在法国时,就必定曾经充分享有过这种保证,正如以往教会中的任何圣人都曾享有过的那样。

随着"天城"这样转移到了尘世的地基上来,论证的工作也从神的

---

[1] 巴特勒主教(Joseph Butler, 1692—1752),英国神学家。——译者注

[2] 马蒙代尔(J. F. Marmontel, 1723—1799),法国作家。——译者注

[3] 《回忆录》(1818)卷Ⅱ,第 195 页。

手里转交到了人的手里,于是对上帝应该加以不同的理解而且要格外淡然处之就变得无可避免了。并非上帝就可以整个地不要了——除了对于少数顽强得很不自然的灵魂而言。绝大多数 18 世纪的心灵是太习惯于一个有着固定等级的稳定社会了,是太熟悉于一种有关种种风尚和高度因袭化的艺术之有条不紊的法典了,以至于他们在一个无秩序的宇宙里是一点都不会感到幸福的。所以看来更为安全的(哪怕是对启蒙了的人们来说),便是保留下来上帝或者是某种值得称道的代替品,作为在最舒适的日常世界里一切都是美好的这一论点之一种论辩上的保证。然而显然的是,造物主作为一种单纯的最初前提,已经不再需要具有上帝圣父之类的丰富的却是过分人间的种种品质了。既然已经完成了他那创世的本质职能,他就应该从人间世隐退到绝对存在所居留的那个朦胧的地方去。这样地隐退了之后,他就不再是人格的而且令人困惑的了。既然不再要求什么赎罪的牺牲,他就可以被看作是理智清明的人们都能满怀敬意加以严肃观照的那种"全知"或"仁慈",而不再掺杂有任何的畏惧或崇拜了。不过即使是理智清明的人,是不是对这种必要的东西也需要有某种词汇,或者对至高无上存在的圣父有某种适当的代替品呢? 至上的存在者? 宇宙的创造者? 伟大的设计师? 原始的推动者? 最初因? 肯定地说,其中任何一个都可以使用。令我们极为不安的是,我们至少知道所有这些都是可以随便使用的。

　　除非是 *Philosophes*(哲学家们)已经准备抛却上帝圣父对人们的启示,即通过圣书和神圣的教会的启示,否则的话他们就不大有可能这么心满意足地容许上帝圣父消失在最初因这一单薄的抽象观念之中。这一点的确就是他们那咄咄逼人的高姿态的全部要害之所在。摒弃传统的启示乃是得以启蒙的根本条件,因为要真正启蒙也就是能以其全部的充分性看到光明[1]；而光明以其充分性就显示了两桩简单明白的事实。其一就包括我们很好理解的那类否定论点的全部，亦即这一事实：所谓通过圣书和神圣的教会所启示的上帝的目的乃是一场骗局，或者说最好也只是由无知而产生的一幅幻象，那是牧师们为了强化人类的恐惧感，使之得以延续——或者至少是得以维持——从而使得人们屈服。另一事实则包括我们不太容易理解的那类肯定性论点的全部，即上帝是以一种远为简单的、自然得多的、远非那么神秘和深奥的方式在通过他的事迹而向人们启示他的目的。要想启蒙就得了解这一两重性的真理，即上帝的法则并不是记录在圣书里的，而是记录在自然这部大书里的，是全人类都可以公开阅读的。这便是新的启示录，我们就这样终于迈入了知识的秘密大门。这部公开的自然大书，也就是当让-雅克·卢梭和他的哲学同道们想要知道上帝都曾向他们说过些什么时，在进行探索的东西。

　　大自然和自然法——这些字样对于这个哲学世纪来说是有着怎样的魅力啊！随便从哪个门进入那个国度，你马上就会察觉到它那到处弥漫着的威力，我刚才在另一段话里摘引了休谟、伏尔泰、卢梭、伏尔内著作中的一些引文；在他们每个人那里，自然界都毫无疑问地占有着通常只是为贵宾保留着的那种地位。为本次讲演要找一个合适的题目，我只消想到[美国]《独立宣言》中的这句话："认定大地上各种权力之间由自然律和自然界的上帝所赋予他们的各自的和平等的地位。"让我们再转到《独立宣言》的法国的对应部分[2]上面来，你便可以读到：

――――――――――

[1]　"启蒙"一词在英文中为 enlighten，"光明"在英文中为 light，这两个词在法文中均为 lumière。——译者注

[2]　指法国大革命的《人权宣言》。——译者注

"每一种政治结合的目的都是要保存天然的和不可剥夺的人权。"翻阅一下新经济学家们的著作，你就会发现他们都在要求废除对工业和商业的人为限制，以便人们可以自由地遵循自利这条自然法。请看看论述宗教和道德的那些已被人遗忘了的书籍和小册子的洋洋大观吧：你会发现有无穷无尽的论辩、互相冲突的意见、各种相同的但看来却又不可调和的结论。然而奇怪的是，各派争论者们全都一致在召请自然界来作为他们一切争论的最权威的仲裁者。基督教的巴特勒主教满怀信心地肯定说："对自然界进行全面的类比……就最充分地表明了，在宗教[基督教]的普遍学说中没有任何东西是不能信任的，上帝今后是会对人们的行为进行赏罚的。"〔1〕自然神论者伏尔泰驳斥了基督教的宗教学说，他以同样武断的精神肯定地说："自然界所教给一切人的自然律"是"一切宗教都奠基于其上的"〔2〕东西。无神论者霍尔巴赫摒弃了一切宗教，然而却坚持说："适用于人类的道德应该是奠定在人性的基础之上的。"〔3〕基督徒、自然神论者、无神论者——大家全都承认自然界这部大书的权威；假如他们意见不同的话，那也仅只是涉及它那权威的范围，即涉及它究竟仅仅是肯定抑或是取代旧启示的权威。在 18世纪舆论的气候之下，不管你是寻求对什么问题的答案，自然界总是测验和标准；人们的思想、习俗和制度假如要想达到完美之境，就显然必须与"自然界在一切时间里、向一切人所显示"〔4〕的那些规律相一致。

　　[这一切]并非因为自然界与自然律的概念在世界上是什么新东

〔1〕　《自然的和启示的宗教与自然界的结构和历程之间的类比》(1900)，第 39 页。

〔2〕　《全集》卷 XXV，第 39 页；卷 IX，第 443 页。

〔3〕　《社会体系》卷 I，第 58 页。[按，此处的"人性"一词原文为 nature，亦即"自然"。——译者注]

〔4〕　《全集》卷 XXV，第 560 页。

西。亚里士多德论证奴隶制的根据便是,它是与自然相一致的。[1]
斯多噶派的罗马皇帝马可·奥勒留[2]的理解是:"按照大自然的事
物,是没有坏事的。"[3]罗马的法学家们力图协调人为法与自然法以
及正确的理性。托马斯·阿奎那认识到"有理性的生物的身上所分享
的永恒法则就叫作自然法"。[4] 按加尔文[5]的说法:"自然界的公
正……就要求诸侯们武装起来……一旦委身于他们庇护的臣民受到敌
意的攻击时,就挺身而出保卫他们的臣民。"[6]贵格会的罗伯特·巴
克莱[7]则告诉我们说:"对人的良心施加强迫,是违反……自然律本
身的。"[8]有一位多明我会的教授维多利亚(Vittoria)把万国法(Law of
nations)界定为"自然的理性在各个民族之间所确立的东西"。[9] 耶
稣会哲学家苏亚雷斯[10]认为"理智的自然之光自发地在宣告应该做
什么事,这就可以称之为自然法"。[11] 格劳秀斯[12]是根据人性奠定
公民社会和国际社会的,而人性则是"自然法之母"。[13] 英国的平均

〔1〕 《政治学》第 V、VI 章。

〔2〕 马可·奥勒留(Marcus Aurelius),罗马皇帝,161—180 年在位。——译者注

〔3〕 《沉思录》卷 II,第 17 节。

〔4〕 *Summa Theologica*(《神学大全》)第二部、第一编,Q. XVI,第二款。

〔5〕 加尔文(Jean Calvin,1509—1564),新教加尔文派的创始人。——译者注

〔6〕 《[基督教的]体制》卷 IV,第 20 章,第 11 节。

〔7〕 巴克莱(Robert Barclay,1648—1690),苏格兰作家。——译者注

〔8〕 《自辩篇》第 XIV 章,第 4 节。

〔9〕 转引郎格(C. L. Lange):《国际主义史》卷 I,第 272 页。

〔10〕 苏亚雷斯(Francisco Suarez,1548—1617),西班牙哲学家。——译者注

〔11〕 郎格:《国际主义史》,第 281 页。

〔12〕 格劳秀斯(Hugo Grotius,1583—1645),荷兰法学家。——译者注

〔13〕 《战争与和平法·导言》,第 16 页。

派(Levelers)在 17 世纪就根据"上帝和自然界的法律"发动了他们的造反。霍布斯在维护而洛克则在反驳专制权力的学说,两人所根据的是同一个高尚的理由。蒙田欢迎并且爱好以往所有的各种思想,却感到"艺术居然占了我们伟大而有力的自然母亲的上风"[1]是很不合理的。最后(倒不是想要再试试你们的忍耐力),帕斯卡尔是极为熟悉自然界以及全部的自然之道的,他做出了最后的判断:"然而什么是天性[自然]?为什么习俗就不是天然的?我深恐这个天性[自然]其本身就只不过是第一习俗,正如习俗是第二天性。"[2]

这一有关自然界的"理想形象",并非 18 世纪所独有的财富;并不是的,只不过是毕竟又出现了另一种不同的、更有分量的形象风靡了那个世纪而已。在此前的若干世纪,对自然[人性]的理想形象——我们可以这样说——都有着太多的神怪气,而不致被人误认作就是自然界本身。在此以前,自然界本身从常识看来似乎一直是难以对付的,甚至是神秘的和危险的,最好也是与人不相和谐的。因此人们就要求有某种权威的保证,使得他们无需担惊受怕;而这种保证就来自神学家和哲学家,他们论证说,既然上帝就是善良和理性,他的创造就必定总归多少是善良的和理性的——哪怕对有限的人心来说并非显然如此。自然界的设计就这样 *a priori*(先天地)出自被认为是创世主所具有的特性;而自然法却远不是与人们所观察到的物理现象的行为相联系着,而只不过是在现实世界之外与之上的一个概念的宇宙,只不过是存在于上帝的心灵之中并微弱地反映在哲学家们的心灵之中的一种

---

[1] 《[蒙田]文集》卷 I,第 XXX 章。

[2] 《思想录》(1897)卷 I,第 42 节。[按,此处"天性"或"自然"两词原文均为 nature。——译者注]

逻辑结构而已。

一旦安然进入了 18 世纪,我们就不再被这个幽灵般的理想形象所萦绕着了。这一理想形象仍然和我们在一起,但是它已经获得了一种更为常见和更加实在的形体。关于这一 18 世纪的自然界形象,没有人比休谟观察得更仔细了;休谟要比任何其他人都更懂得那是一种幻觉。正由于这个原因,有关它的最好的叙述就莫过于他在《自然宗教对话录》一书中借克利安提斯(Cleanthes)这个人物之口所说的话了。克利安提斯为自然宗教辩护道:

> 环顾一下周围的世界,思考一下它的全体和其中的每一个部分;你就会发现它无非就是一架大机器,再分为无数之多的更小的机器,它们又可以再分下去,直到超出人类的感官和能力所能追踪和解释的限度。所有这些各种各样的机器,乃至于它们最细微的部件,都以那样的一种精确性互相配合,使得所有思考过它们的人都要顶礼膜拜而为之销魂。贯彻在整个自然界之中的手段与目的之间的那种奇妙的协调,就恰像是——尽管又远远超越了——人类……智能的产物。既然各种作用是彼此相似的,所以我们就被导向推论说……各种原因也都是相似的,而且大自然的创造者就多少有似于人类的心灵,尽管与他所执行的工作的宏伟性而成比例地具有更大得多的能力。[1]

这段话有两个方面是重要的。我们马上就注意到,逻辑的过程在这里是被颠倒了的。克利安提斯并没有总结说,因为上帝是永恒的理性,所以自然界必定是合理的;他的结论乃是说,上帝必定是一位工程

---

[1] 《对话录》(1907),第 30 页。

师,因为自然界是一架机器。从逻辑过程的这种颠倒就可以推论出,自然律是被认同于自然界的实际行为的。使得克利安提斯顶礼膜拜而为之销魂的,并不是一种逻辑世界观的那种无比的美妙,而是世界本身那种无比的复杂性和精巧的配合。对他来说,自然界并不是一个逻辑概念,而是实实在在的现实;而自然律也并非演绎逻辑的一种结构,而是被人观察得到的各种物质对象的和谐的行为。

自然界的理想形象的这一转化,正如人人都知道的,乃是 17 世纪科学发现的结果。伽利略观察到了单摆是以一定的方式在运动的,于是他就以数学的语言总结出了摆动定律。牛顿并不怀疑天体宣示着上帝的荣耀,但是他所关心的乃是通过望远镜来观察并进行数学运算来发现它们是怎样在精确地安排它的。他发现每一个物质质点,不管是在天上还是在其他什么地方,就仿佛是在吸引其他每一个质点似的,其力量与质量的乘积成正比而与距离的平方成反比。这是一种新的“自然律”。正如《原理》一书第二版的编者[1]告诉我们的,此前的哲学家们都在“从事于把名字加在事物上面,而不是探究事物本身”。牛顿本人注意到了这个区别,他说:“这些原理我认为并没有什么神妙的性质,可以被认为是事物特殊形态的结果,而只是普遍的自然规律,事物本身就是由它们形成的。”[2]这就是“自然哲学”所开辟的通向知识的新途径:“去钻研事物的本身,”然后总结出“事物本身所由以形成的那些普遍的自然规律”。

这种新哲学肯定无疑地要使得 18 世纪顶礼膜拜而为之销魂;而其

---

〔1〕　《原理》指牛顿《自然哲学之数学原理》一书,第二版的编者为柯德斯(Cotes)。——译者注

〔2〕　转引自丹皮尔-惠商:《科学史》,第 181、183 页。

间最为令人惊奇不止的便是把这种通行的方法运用于发现这类了不起的真理。牛顿发现了光的性质这件事对于他的同时代的人来说,似乎甚至还不如他弄一个三棱镜来进行观察那么重要。自然界与人仿佛是第一次那么贴近,贴近得它那全部惊人的细节都变得清楚明白而又显然可见。自然界看来归根到底就只不过是普通人日常所观察和处理的普通事物,而自然律则只是这些事物行为一律的方式而已。水壶嘴里冒出的蒸汽、烟囱里冒出的烟、草原上升起的晨雾——这些全都是自然,自然界着手去完成它那奇迹的方式并不神秘,并且在普通人——并不亚于面向学者们——的眼前展示出把它们那合理的和仁慈的(哪怕是奇怪的和复杂的)命令加之于一切事物之上的法则。

当哲学成为一种操作试管的工作而非辩论的工作时,每个人就都可以按照自己的智慧和兴趣而成为一个哲学家。正如歌德告诉我们的:

> 很多人都深信自然界已经赋予了自己那么多良好的而又直接的理智,或许足以供自己的所需来对各种对象形成这样一种明确的观念,使自己能够掌握它们并使之能为自己和别人所利用,而不必费心劳神把自己纠缠于种种最普遍的问题。……人们在进行检验,睁开眼睛向前瞭望,他们辛勤地而又积极地在观察着……
>
> ……每个人现在都有资格不单是进行哲学思考,而且还逐步认为自己就是一个哲学家。因此,哲学多少也就是健全的和实践中的常识,常识在尝试着涉足于共相的领域,并在决定种种内在的和外在的经验……于是就终于在所有的专业中——不,而是在所有的阶级和所有的行业中——都可以发现有哲学家了。[1]

----

[1] 《自传》(Bohn 版)卷 I,第 231 页。《全集》卷 XXIII,第 71 页。

柏拉图说："除非哲学家做王,……否则邦国总会难免于灾难。"但是当普通人都成了哲学家时,或许哲学就甚至能更好地起作用了(无论是好的,还是坏的)。原因就在于普通人假如从事于哲学的话,不是将哲学作为一种辩证法上的练习,而是作为为他们保证一种更好的生活方式的某种东西。因此,他们便很容易和任何因某个伟大人物的名字而使自己感兴趣的哲学联系在一起,这些伟大的人物由于带给了世界一种新的思想,可以使他们爱或使他们恨;而且他们肯定地要赋予这种新思想以某种它原来所并不具有的新意义。我们已经熟知这种程序,在过去的 50 年[1]中我们看到了"进化论哲学"和达尔文的名字联系在一起,以及达尔文主义之转化为"猴子主义"或者是"白种人的负担"[2]——这要视情况而定——之转化为根本会使得达尔文这位纯朴的人听到以后震惊不已的某种东西。同样的事情也出现在 18 世纪。一般人都把新哲学和牛顿的名字联系在一起,因为牛顿发现了"自然界的普遍定律",从而证明了别人只是在口头上所肯定的:宇宙是彻头彻尾合理的而且是可理解的,所以就有可能被人征服和利用;于是牛顿就早于其他任何人,已经把神秘驱逐出了世界。

因而一般人在 18 世纪中叶对牛顿哲学的熟悉,就正如我们今天对"达尔文哲学"的熟悉。伏尔泰解释道:"很少有人阅读牛顿,因为必须有学问才能理解他。可是人人却都在谈论他。"[3]的确,为什么一般人应该阅读牛顿呢?他们对于这类的命题是不大感兴趣的:"作用力

〔1〕 按本书写于 1932 年。——译者注

〔2〕 "白种人的负担"为英国诗人吉卜林(R. Kipling,1865—1936)一首诗的题名。——译者注

〔3〕 《全集》卷 XXII,第 130 页。

与反作用力总是大小相等而方向相反。"他们感兴趣的是另一种大不相同的牛顿哲学。并不需要翻开《自然哲学之数学原理》一书去发现牛顿哲学都是什么——事实上,不那样做就更要好得多。把那留给普及者们去做,他们能够在《自然哲学之数学原理》一书中找出比一般人所能找到的更多的哲学——我必须说,往往比牛顿本人所曾找到的还要多。任何人都可以去翻阅的并不是《自然哲学之数学原理》,而是本杰明·马丁(Benjamin Martin)的《牛顿哲学简介》(共六节,附铜版插图六幅,1751年),此书很快就发行了五版;或者是詹姆士·弗格森(James Ferguson)的《根据伊撒克·牛顿爵士的原理解释的天文学,面向未学过数学的人们的简易读本》(1756年),此书刊行了七版;或者是伏尔泰的 *Éléments de la philosophie de Newton*(《牛顿哲学要义》),此书可读英文本(1738年),正如读法文原本一样;或者是阿哥罗蒂伯爵(Count Algorotti)的 *Il Newtonianismo per le dame*(《牛顿主义的妇女读本》),此书以意大利文发行了三版,已译成法文(1738年),又译为英文,题名是《光与色的理论》(1739年);或者是——对那些富有诗意的人来说——德撒古里埃(J. T. Desaguliers)的《牛顿的世界体系是最佳的政府模式:寓言诗》(1728年)。

在这些书里或其他类似的书里,一般人可以读到牛顿哲学,他们对这种哲学有兴趣倒不是由于它所提出的科学见解,而是由于这些发现刘最根本的人生问题的含义——也就是说,人对自然界的关系,以及人与自然界二者对上帝的关系。这些关系是什么,或者被人当作是什么,已被爱丁堡大学的数学教授柯林·麦克劳伦[1]在其《伊撒克·牛顿爵士的哲学发现概述》一书中做出了令人赞叹的陈述,它或许是英文

---

[1] 柯林·麦克劳伦(Colin MacLaurin, 1698—1746),苏格兰数学家。——译者注

通俗阐释中最为杰出的一部书了。

　　自然哲学的任务就是要描述自然现象,解释它们的原因……并探讨宇宙的整体构成。有一种强烈的好奇心在一切时代都一直在激发着人们去研究自然界;每一种有用的技艺都与这门科学有着某种联系;事物的无穷无尽的美妙性和多样性,使得它永远都是可爱的、新颖的和令人惊异的。

　　但是自然哲学要服从于一种更高的目的,它主要是由于它为自然宗教和道德哲学奠定了一个确凿的基础而受到人们的重视;它以一种令人满意的方式引导着我们去认识宇宙的创造者和主宰。

　　我们是从他的作品中去追求认识上帝的,而不是企图去指出上帝行动的规划,是从我们所能形成的有关那位伟大而神秘的存在者的极其不足的观念之中去追求认识上帝的……

　　我们的自然观不论是多么地不完善,都有助于以极为可感知的方式向我们表现出那种强大的威力,它磅礴六合,以一种表现为绝不因最大的空间距离或时间间隔而减弱的力量和效能在起作用;而我们同样看到那种智慧在那些最伟大和最精微的各种部件的精巧结构和精确运动中显示出来。这些显然都是被十全十美的善在引导着,它们成了一个哲学家所思考的至高无上的对象;当哲学家在观照和赞美一个如此之优异的体系时,他自身也就不能不受到激动和鼓舞而要回应自然界这种普遍的和谐。〔1〕

上面这段话中结尾的一些字句,可以很好地被看作 18 世纪中叶流

---

〔1〕 《伊撒克·牛顿爵士的哲学发现概述》(1775 年),第 3、4、95 页。

行的那种心灵状态的确切表现。显然可见，牛顿哲学的弟子们并没有停止他们的宗教崇拜。他们只不过是对崇拜的对象赋予了另一种形式和另一个新名称罢了。他们已经把上帝变了质，并且神化了自然。所以他们就能够不自觉地对圣书只做一点小小的改动便重复着诗篇作者的呼唤："我抬起眼睛仰望大自然，从那里得到对我的支援。"抬起眼睛来观照和赞美如此之优异的一种体系，于是他们就受到了激动和鼓舞，要回应这种普遍的和谐。

三

回应普遍的和谐这一愿望是终古都涌现在人心之中的。一切时代的圣人都在渴望着能与无论是什么可能的神明合为一体。在欧洲中世纪，人们所赞许的方法被认为是禁食和祈祷，摒绝肉欲，否定自然人。"谁来引我摆脱这个臭皮囊！"精神的这个肉体居留所被认为是一种不和谐，是一个污秽的、令人厌恶的腐败装饰品在包裹着并蒙蔽着精神，从而在它那尘世的朝香行程中，它只能是——假如终究有可能的话——备极艰辛才达到和谐，而那和谐便是上帝。然而启蒙了的人们知道事情并非如此。他们也曾从这种黑暗之中走出来并来到光明里，那使他们能够看到自然人与精神人只不过是同一个和谐的整体之不同的体现而已。

对这种信仰意志的合理化工作，是由约翰·洛克在他的大著《人类理解论》一书中所提供的，这部书成了 18 世纪心理学的福音书。这部书对于那个时代的人们的巨大服务就在于表明，心灵并没有任何东西是得自遗传、得自"内在的观念"的；一切都出自环境，出自外部世界灌注给它的感觉。有一位现代评论家向我们保证说，洛克所推翻的内在观念的理论"太粗糙了，以至于很难设想有任何严肃的思想家曾经主张过"。[1] 很可能是如此。或许严肃的思想家是少数，也或许世界是被拙劣的观念所统治着。毫无疑问，洛克的目的之所在、18 世纪欢呼他所推翻了的东西，乃是基督教有关人类全盘腐化的学说，乃是多少世纪在压抑着人类精神的那片弥漫着的乌云。因为假如像是洛克所主张的，人心生来根本就没有什么根深蒂固、不可磨灭的观念或品性，实际上只不过是一张白纸而已，在那上面可以发现记录着凡是自然和人类社会的外在世界所要写下来的无论声名是好是坏的一切东西，那么人类的心灵又为什么就是那个外在世界所写下来的一份记录呢？外在世界既然是如此之乱糟糟而又不和谐；当那个外在世界理应成为一曲令人惬意的、秩序井然的交响乐——正如它可以成为的那样——人们又曾构想它应该是什么样子呢？这就是使洛克博得了光荣的伟大声誉之所在，他使得 18 世纪有可能满怀一颗清明的良心来相信它所希望相信的东西，也就是既然人和他的心灵是由上帝创造出来的那种性质[2]所形成的，那么人就有可能"单凭运用他们天然的才干"[3]就把他们的思想、他们的作为以及他们所赖以生活的种种体制都带入与普遍的自然秩序相和谐的状态。启蒙时代是以怎样单纯的信心在欢迎这种学说啊！它又是以怎样崇高的勇气来拥抱所提供的这种机会，要按照自然界的以及自然界的上帝的法则来重新塑造人类体制的外在世界啊！

　　我无需说，这些困难是巨大的：那要去实践的领域有着无穷无尽的

---

〔1〕　韦柏(C. C. J. Webb)：《自然神学史研究》，第 354 页。

〔2〕　按此处"性质"一词原文为 nature，亦即人性或天性。——译者注

〔3〕　《人类理解论》卷Ⅰ，第ⅱ章，第 1 节。

困难,而在理论的领域则有着一项根本性的困难。在洛克《人类理解论》之中隐藏着一项极其不谐调的推论。那就是:假如自然界是上帝的作品,而人是自然界的产物;那么人的一切所作所为和所思所想,人的一切所曾有过的所作所为和所思所想,就必定也是自然的,并且是与自然的以及自然界的上帝的法则相一致的。帕斯卡尔早就问过这个根本性的问题:"为什么习俗就不是自然的呢?"确实,为什么呢? 然而,假如一切都是自然的,那么人和他的习俗又怎么可能居然和自然并不谐调一致呢? 无疑地,只要宣称并没有不谐调一致之处,这个难题就可以避免了。

> 一切都只不过是一个硕大无朋的整体的一部分,
> 它的躯体是自然界,它的灵魂是上帝。

> 一切不谐调,包括和谐也在内,
> 一切局部的恶,全都是普遍的善:
> 在错误理性的恶意之中,尽管也有傲慢,
> 这一真理是明显的:凡是存在的,都是对的。

然而向智力宣称这一点,却并不是一个答案;它只不过是一种回避、一种不诚实的狡辩而已。要断言凡是存在的都是对的,也就是把一切意义都驱逐出"对的"这个词了,除非我们情愿把自己的眼睛再一次蒙在基督教信仰的外衣之下。因为蒲柏[1]上面这首诗无非是在重复着圣托马斯;而圣托马斯曾写下了20大卷的书来安抚一个处于怀疑边缘的世界——那20大卷书是说,事物之所以是谬误的而又是对的,唯有上帝才知道其原因。

---

[1]　蒲柏(Alexander Pope,1688—1744),英国诗人。——译者注

一个追求宁静和隽语的诗人〔1〕也许可以重复一位往日神学家〔2〕的话;可是"哲学家们"却不能也这么做,除非他们情愿放弃他们的前提或者否认常识的证据。新哲学的基础本身便是,上帝(假如有的话)的存在以及他的善良(假如他可以声称是善良的话)必须是从世界上可以观察到的行为之中推论出来的。"哲学家们"在追随着牛顿时全都坚持这一点乃至到了迂腐的地步,甚至于要那些启蒙了的基督教神学家们拼命找出论据来说服仍在怀疑之中的托马斯们。那么"哲学家们"又怎么能够说,在上帝的眼中一切都是美好的呢?除非他们同时也能说,在自然界和人的世界中是看不到任何罪过的。然而要说世界上就没有罪过——就在这个世界上,里斯本发生了地震〔3〕,巴士底狱在行刑〔4〕,而那里的群众却麇集起来幸灾乐祸地去看那些遭受车裂的人们奄奄一息的痛苦——那真是对常识的一种污辱。不,无论洛克可能做过什么,他都没有做出过任何事情来解决世界上的罪过问题——即使是对他曾极力加以蒙蔽的那些缺乏警觉的人。

在这个[18]世纪的中叶以前,休谟已经着手研究这个与世界同样古老的问题了;他面对着它,再三仔细地检查了它,然后在他的《自然宗教对话录》一书中以这种新哲学全部论证的力量,以一种唯有他所显示出来的那种肃穆的、彬彬有礼的态度才能够与之相称的深入的洞见,无情地揭露了理性想要确定上帝存在或上帝善良的重要性。"伊壁鸠鲁的老问题还没有得到答案。是他[上帝]愿意防止罪过而不能

---

〔1〕 指蒲柏。——译者注

〔2〕 指圣托马斯。——译者注

〔3〕 1755年11月1日葡萄牙里斯本大地震,同时发生大火及洪水,全城毁灭,死亡两万人,为当时最骇人听闻的天灾。——译者注

〔4〕 巴士底(Bastille)为法国囚禁政治犯的牢狱。——译者注

够做到吗？那么他就是无能。是他能够但不情愿吗？那么他就是不怀好意。是他能够而又情愿吗？那么罪过又从何而来？"[1]休谟终于设法把基督教神秘主义者和无神论者都赶入了一个阵营，因为他们双方在这一主要之点上显然是意见一致的，即理性对于回答各种终极问题显然是无能为力的；从而他那部嘲讽的杰作就结论说："对一个有文化的人来说，做一个哲学上的怀疑派就是迈向做一个健全的、虔诚的基督徒的第一步，而且是最为根本的一步。"[2]在满怀着同情的理解阅读了那个[18]世纪早期热忱的自然神论者和乐观主义的哲学家之后，再来阅读休谟的《对话录》，就会体会到一阵轻寒、一种忧心忡忡之感。就仿佛是在启蒙运动的骄阳当午之际、在周围的一切都仿佛是那么安谧而宁静的午睡时刻，突然之间我们感到有一阵短促而尖锐的地基倾斜，在常识的坚固的地基之下有一种微弱的遥遥的颤抖。

于是，它就在那里出现了——那种从新哲学的美妙动人的前提里所产生出来的进退两难的丑态：如果自然界是善良的，那么世界上就没有罪过；如果世界上有罪过，那么自然界就远不是善良的。那些启蒙了的人们将怎样对待它呢？他们有着那么多的自信和洋洋得意的机智，已经在以理性的准则、按照自然界的设计着手重新建立起一个很不可爱的宇宙了。他们将对着无情的事实闭上自己的眼睛，坚持说世界上并没有罪过吗？在那种情况下，他们就没有什么好要纠正的了。或者，他们将睁开自己的眼睛，承认世界上有罪过吗？在那种情况下，自然界就无法向他们提供可以把事情摆正的任何标准了。他们一直在忠实地追随着理性。他们将追随理性到底吗？理性正在指向两个方向：向后

---

[1] 《对话录》，第 134 页。

[2] 同上书，第 191 页。

看是基督教的信仰,向前看是无神论。他们将选择哪条路呢? 实际上,那并没有什么很大关系,因为无论是哪一种情况,理性最后都要消逝,而把他们留下来反对着生存,除了或冷漠或绝望而外就再没有什么别的支持了。

好,我们知道"哲学家们"在这场危机中都做过了什么。他们发现——正如当我们受到充分严峻的逼迫时,大家都会发现的——理性是愿意接受治疗的。所以他们就用感情来调剂理性,感情是理性所不知道的人心中的理性;或是以经验来控制它,经验是人类普遍的判断;或则是诱导它着眼于可能性(那在必要时也可以被当作事实)而推迟发表它自己的声明;世界终究既不是一场演出完毕了的戏,也不是一架完美化了的机器,倒不如说是某种尚未完成的东西、某种仍在制造之中的东西。本书以下几讲的目的就是要阐明这些论述,要表明仍在追随着理性的"哲学家们"是怎样——或许是很聪明地,但肯定并不怎么太好地——继续去完成、去装修并且去彩绘他们梦想中的天城的。

第三章　新史学：用前例教哲学

[L' histoire] nous fera voir, pour ainsi dire, l' homme en détail, après que la morale nous fait voir en gros. (可以这样说，在道德使我们从大体上看到了人之后，[历史学]就使我们从细节上看到了人。)

——丰特奈尔

[历史学]的主要用途就只是去发现人性的普遍永恒的原则。

——休谟

一

布吕奈吉尔[1]在一个地方提到这一事实，即官方文件不管是什么性质，都不是为写历史作依据的。我必须说，生活在过去时代的人们行动起来，往往看起来确实把未来历史学家们的方便与否看作一桩无关紧要、可以忽略的事。假如休谟去写他的《自然宗教对话录》(下文

---

[1]　布吕奈吉尔(Brunetière，1849—1906)，法国批评家。——译者注

简称为《对话录》）时，仅仅出版了这一部书，那么他就会给我们省掉很多麻烦了。假如他出版了他的书，那么我就可以指出它曾被别的"哲学家们"阅读过，比如说狄德罗和霍尔巴赫；我可能发现杰斐逊在他的书斋里也有一部，或者富兰克林在一封信里也许提到过它，并对这部深邃的著作有着很深的印象；从这一切（以及从大量同类的其他事件）之中，我无疑就可以追溯休谟《对话录》一书的（人们所称之为的）"影响"了。而且或许很高兴地总结说，作为这种影响的结果，哲学就警觉到了自己途中的逻辑上的两难境地，于是就从理性主义的思辨转入了对历史、道德和政治的研究。而哲学方面的这一新尝试的开端，我可以很方便地就置之于休谟《对话录》出版的确切日期。不幸的是，由于他对我的问题漠不关心，我所能说的一切就只是休谟很慎重地把他的手稿锁在他的书橱里，于是它就不为世人所知（除了对少数亲密的朋友），直到他死后。

一部历史就被遗失了，全都是由于缺少了一个小小的日期！我承认，这不是经常会遇到的一幕悲剧。然而，也还是有补救办法的。休谟的手稿是稳当地锁在自己的书橱里的，因而我们至少就不必陷入那种天真的想法，即某些哲学家之成为无神论者乃是由于他们读了休谟的《对话录》。长期以来对文化感兴趣的人们总有一种爱好，就是要考察思想从一个作家的身上转移到另一个作家身上的历程（就仿佛思想只不过是借一枚硬币的问题）；例如，要考察琼斯先生必定曾从史密斯先生那里得到过某些思想，是因为可以指出他曾读过或者可能读过史密斯先生的书；同时却忘记了假如琼斯先生并不曾有过这种（或某种类似的）想法在自己的头脑里酝酿，他就不会有心去阅读史密斯先生的书，或者就是读了它，也很可能把它抛在一旁，或者是写一篇评论来说明它是多么糟糕而又错误的一本书。而且书籍以并非作者所期待的方式而"影响"读者的事,又是何等地常见。我们知道罗兰夫人[1]是读过霍尔巴赫和爱尔维修的著作的,但是这些著作并未使她成为一个无神论者,反倒是加强了她对上帝的信仰,所以比起她另外可能的做法来,她就更加易于转向卢梭去寻求慰藉。

很应该知道休谟是把他的《对话录》锁在了书橱里的,但更为重要的则是首先要懂得他为什么认为值得去写这部书。当时拒绝刊行的这部手稿和今天重印出来的这部书并没有什么区别。今天任何人都可以阅读《对话录》,但是很少有人会对它所提出要这样做的各种问题充分感兴趣了;在休谟的时代里没有人能阅读《对话录》,但是它所提出的问题是那么重要而又那么为人所熟稔,以至于没有人需要去阅读它。那些被提出的问题,对于那个世纪来说,是带有根本性的。它就好像是一个谣传,没有人知道是何时开始的,却终于变得是如此之迫切而不能再被人置之于不顾;这个谣传是说,上帝已经在夜里秘密地离去了,就将跨越已知世界的边界而遗弃人类。我们必须认识的是,在那些年代里上帝是在受到考验的。这一事件是当时思想界一桩十足的 *cause célèbre*(重大案件)。它以一种我们须是费尽心力才能理解的方式在激发着人们的情绪。大概不会有很多人,甚至于不会有很多"哲学家",会被休谟、狄德罗和巴克莱感兴趣的那种逻辑的两难困境所困扰;但是每个人——书籍的读者们以及作者们——都想知道究竟有没有一个上帝关照他那不朽的灵魂,还是既没有上帝也没有不朽的灵魂要关照。正是在这种伪装之下,我在前一讲的结尾处所描述的由新哲学的前提而产生的那种两难困境就呈现在了一般人的面前:他们是生活在一个由一位仁慈的心灵统治着的世界之中呢?还是生活在一个由一种冷漠

---

[1] 罗兰夫人(Mme M. Roland,1754—1793),法国大革命时期的活动家。——译者注

无情的力量统治着的世界之中呢？这便是在这个愤世嫉俗的理性时代里使人们变得激动不已的问题；到处都在辩论着这个问题——在书中、在神龛前面、在沙龙里、在仆人退出去之后杯觥交错的筵席上——我们再也想不起有哪个"哲学家"是对这个问题茫然无知的或漠不关心的，正如我们不可能想象到有哪个现代的哲学家是对量子论茫然无知的或漠不关心的。我们所关心的是要知道"哲学家们"是怎样迎接和处理这个深奥的问题的。

好，我们知道在这个 [18] 世纪的中叶以后，法国有一群紧紧抱在一起的理性主义的 *enragés*（疯子们），他们由于公开宣扬无神论的信条而出了名，或者不如说是臭名远扬——如霍尔巴赫、爱尔维修、拉梅特利、梅斯利埃（只提几个最数得上的人物）。这些 *enragés* 可并不缺乏勇气。他们有着自己那种逻辑的勇气，在他们受到理性女神那么美好的服务之后，就把永远不背弃她当作自己的骄傲或英勇的所在。理性女神曾引导他们安全地走出了迷信的漫长黑夜，进入了白昼的光辉，他们对此只能是感恩不尽。因为她确实向他们展现出一个充满光明的世界，然而却又是并未就范的、毫无章法的、没有景色的；难道这时候他们就怯懦地背弃她吗？不，他们仍然会追随着理性——哪怕理性终究并不是什么女神，而只不过是他们自己的推理而已——直到茫茫世界的尽头；这个世界从一切表现上来看，其本身既不是善，也不是恶，而善或恶则只是人类靠自身不假外援的努力而使之（或者是并未使之）服务于他们自己的目的而已。

这些无神论者，难道他们没有被人阅读吗？难道他们没有造成一种影响吗？是的，的确是有的。人人都阅读他们，或者最好是说，人人都听到过他们的学说被窃窃议论着。人人都阅读他们，可是"几乎人人都吓坏了"。这些无神论者，他们全都是大逆不道。我们要记得他们在社会上的孤立：外界对霍尔巴赫家里在夜幕之下进行着某些淫秽的和亵渎神明的事情感到震惊，对于胆敢闯入那些不正规的、为人鄙弃的圈子的人——有许多来客（其中有些是"哲学家"）都是从他们出了名的晚宴上赶来的——怀有一种鬼鬼祟祟的感觉。假如终究有此可能的话，就让我们来试图重温一下少年歌德读到并和他的同学们谈到霍尔巴赫的 *Système de la nature*（《自然之体系》）时的那种冷酷的荒芜感——那部肆无忌惮的书竟然肆无忌惮到了否认上帝存在和灵魂不朽的地步。歌德告诉我们说："我们无法想象这样一部书可能是何等之危险，它对我们是如此之阴沉、如此之暗淡[1]、如此之有似于僵尸，以至于我们简直无法忍受它的出现；我们在它的面前战栗，就仿佛它是一个幽灵似的。"[2]

这就是"无神论"作品的影响了——它使人们战栗。然而无神论者只不过是在追随着所有的"哲学家们"（或许卢梭除外）的那位女神罢了。正如摩莱[3]所说的，霍尔巴赫的书指向了

> 他们自己的神明——理性——在墙上大书特书着这个骇人听闻的论断：没有上帝；宇宙只不过是自行运动着的物质；而且最令人痛心的说法莫过于人们所谓的灵魂也随着肉体的死亡而死亡，正有如琴弦断了的时候，音乐也就消逝了。[4]

这里的"骇人听闻"或许不是个很恰当的字样。对于一般读者来说，毫

---

[1] "暗淡"原文为"辛梅里安式的"（Cimmerian）。按希腊神话，辛梅里安人居住在永恒的黑暗之中。——译者注

[2] 摩莱：《狄德罗》卷 II，第 175 页；《全集》卷 XXIV，第 52 页。

[3] 摩莱（John Morley，1838—1923），英国作家。——译者注

[4] 《狄德罗》卷 II，第 175 页。

无疑问它是骇人听闻的；但是其他的"哲学家们"却是像霍尔巴赫一样忠实地去追随着理性的，而且对理性的判断也是同样地熟悉的。然而当女神指向她的判断时，"哲学家们"却几乎毫无例外地拒绝加以接受，他们并不去看墙上的书写，而是背转身来以这样或那样的借口慢慢走开了。

当然，每个"哲学家"都可以有他自己特殊的理由背弃女神。我们知道富兰克林年轻时在伦敦窘迫无奈，曾刊行过一篇无神论的作品，后来他后悔了那篇年幼无知的自吹自擂，便一笔勾销了那个重大的问题，只是漫不经意地说，有关宇宙的机械论理论尽管可以是真的，却"不是很有用的"——对于他这样一位身居费城的可敬的出版家和政治家或圣詹姆士法庭上知名的自由辩护士，那肯定不是很有用的。我们知道休谟曾经用尽了种种追求知识的辩证途径；而他所达到的真理，据他自己承认，其根据都不是很恰当。何况这个孤寂的人蜷缩在世界上一个偏远的角落里，渴望着他的同胞们的喝彩；而不调协的事实却是他那思辨的书籍不仅没有销路，并且也没有被他的好友们很好地接受。正如哈钦森[1]告诉他的，它们缺少"某种对道德目的的热情，而那却是……所有善良的人都爱好的"。[2] 休谟肯定并不喜欢被人看作是一个冷酷而彻底的怀疑论者、一个对一切憧憬的摧毁者。他格外热衷于"被人尊为一个有德的人更甚于被人尊为一个有情趣的作家"。而且他的历史学为他博得了他所渴望的声誉这一事实，自然而然地坚定了他的信念，即钻研"自然界那些到处是令人厌恶的角落"是毫无用处的。这些确切无疑地就是休谟要把他的《对话录》锁在他书橱里的原

---

[1]　哈钦森(Thomas Hutchinson，1711—1780)，北美殖民地行政官。——译者注
[2]　伯顿(H. Burton)：《大卫·休谟的生平与通信》卷 I，第 112—113 页。

因,以及他同时代的人——假如他们能看到那个锁上了的书橱内部的话——便会找到一种对于摧毁了自然宗教之基础的光辉论证的最为特殊、最令人困惑的结论的原因;结论便是,任何一个"对自然理性的不完美性感染到一种正当意识的人,都将怀着极大的渴望向着天启的真理飞奔"。[1] 休谟并没有确切地向着真理飞奔,但是他拒绝刊行他的《对话录》,而且从来不曾——至少不曾在公共场合——放过对宇宙的创造主表现出一种谨小慎微的正确态度。

至于伏尔泰呢——好的,伏尔泰是痛恨被人愚弄的,他在许多次的旁白中都让我们知道他是在警惕着女神所指着的那些墙上的判断的。什么?没有上帝?可能是的吧!但是假若如此的话,那就有必要再制造出一个来——尤其是对于人民而言,因为他们永远也不会启蒙得足以充分了解自然界(尽管自然界可能是盲目的)是有着足够的善意的,假如说自然界有着足够的善意,可以时而产生出来一个伏尔泰的话。至于"哲学家们",他们当然可以让不可解决的问题任情去驰骋,而把他们自己局限于培育自己的花园——既然他们充分肯定了根除园里所生长着的不名誉的东西总是值得的。

狄德罗的情形要比伏尔泰的有趣得多,他往往被归入无神论者行列。但是对于我们来说,这位无神论者竟违反自己的意愿,被说服了去接受另外一种见解。像休谟一样,他也写了两部思辨性的著作,即 *la physiologie*(《生理学》)和 *L' ontrotion*(《谈话录》);他在书中所得到的结论是世界是机械式地被规定了的,人只不过一桩偶然,灵魂"没有肉体就什么都不是",善意只不过是"愿望和厌恶的最后冲动",而罪恶和德行都是毫无意义的空话。作为理性主义者的狄德罗写下了这

---

[1] 《对话录》,第191页。

些著作。但是还有另一个狄德罗是拒绝发表它们的；这位道德高尚的人的那颗热忱的心甚至是以更大的保证在告诉他说，罪恶和德行乃是现实中最真实不过的东西。这两个狄德罗之间的、那个想象力丰富的头脑和那颗狂风暴雨的心灵之间的冲突，就暴露在他的 *Le Neveu de Rameau*（《拉摩的侄子》）这部杰作之中，这部对话录的风格正有如休谟的《对话录》那样光辉，并且涉及的是同样的一个两难问题。然而又不同于休谟的《对话录》，*Le Neveu de Rameau* 的结局并没有给出任何解答，甚至于连一种匹克威克[1]式的解答也没有。狄德罗没有任何休谟的那种严肃，直到他一生最后的岁月，他的灵魂都充满着不协调；他的头脑找不到任何充分的理由去做出有德的行为，而他的内心又不能摒弃这一信念，即在这个世界上没有什么事是比作一个善良的人更好的了。[2]

狄德罗的全部作品都洋溢着一种对道德的焦灼关怀。他告诉我们说，就那个主题写出某些伟大的、建设性的著作乃是他在自己最后的时刻"会以极其满意的心情所回想着"的事情；可是，他又说：

> 我甚至于不敢写下第一行字：我向我自己说，假如我未能从这场尝试中得到胜利，我就成了为罪恶而辩护了；我就会背叛德行这桩事业……我觉得我自己配不上这项崇高的工作；我已经徒劳无益地把我全部的生命都奉献给了它。[3]

---

[1]　"匹克威克"（Pickwick）意为憨厚的，此词源出英国小说家狄更斯（C. Dickens, 1812—1870）的幽默作品《匹克威克外传》。——译者注

[2]　对于狄德罗这一两难处境的更充分的探讨，请参看《哲学评论》（*Philosophical Review*）卷 XXIV，第 54 页。

[3]　《全集》（1875—1877）卷 II，第 345 页。

在对道德的这种关怀上，狄德罗是他那一代人的典型；一般说来，"哲学家们"都像休谟和狄德罗一样，是雄心勃勃地想要被人尊之为"有德行的人"的。那原因恰恰在于，从他们对手的观点看来，他们乃是道德与德行的敌人；而且确实，又有什么能证实他们全部的否定、他们对基督教的信仰和教义的全部攻击呢？——假如他们不能够以一种根基更牢固的新道德来取代旧道德的话。不信仰宗教就会动摇道德和社会秩序的基础——这是基督教护教者反对"哲学家们"所可能做出的最有效的攻击。"哲学"必须面迎这种攻击。狄德罗在谈到神学家时说："比他们懂得更多，这是不够的；还有必要向他们表明，我们更加高明，而且哲学要比充分有效的神恩造就出更美好的人。"[1]

很好，要哲学比充分有效的神恩造就出来更美好的人，那会是很困难的（难道不是吗？）——假如它提不出来比"事物原始的根源并不考虑善高于恶，正如并不考虑热高于冷一样"这一学说更能令人放心的东西的话。狄德罗感到根本就不去辩护德行要比企图辩护而未能成功会更好得多——这里面有着深刻的意义：一个已经推翻了基督教道德基础的哲学家，竟然未能为它提供一种自然的根据，那在一般人的心目之中就确实会成为"一个拥护罪恶的辩护士"了。道德和社会秩序那么曾经一直是奠定在信仰上帝的基础之上的，善良的生活曾经是如此之信念坚定地和一个主宰一切的"天意"联系在一起的，以至于有一个人们将被委之于他们自己所设计的、对自然人的罪恶冲动毫无防范的这种世界之中的前景，是一点也不会马上就被人宽容大度地予以考虑的。撇开一切有意识的动机和个人的计较不谈，"哲学家们"本能地就感到，宣称无神论就等于像迷途的羔羊又回到了基督教怀抱里那样地

---

[1]《全集》(1875—1877)卷 XIX，第 464 页。

坦承失败。无神论者这个字样本身在那种舆论的气候之中听起来就是
不祥的、肮脏的、反社会的。是启蒙了吗？"哲学家们"肯定是启蒙了
的。但是启蒙运动的精义就在于思想上的安全可靠，而哲学家最受称
道的财富便是确凿的知识；而无神论假如不是坦承自己的无知，又还能
是什么呢？锁在休谟的书橱里的就是它那证明：基督教的神秘主义者
德米亚和怀疑主义者斐罗[1]都追循着理性走到了尽头，却发现他们
是在同一个阵营里，他们一致同意的只有一点，即理性对于回答任何有
关上帝、道德或人生意义的根本问题都是无能为力的。哲学家们无法
接受这个结论。他们半个多世纪以来一直在用理性和常识炮轰无知和
迷信的坚强堡垒，一直在世界上大声疾呼，为的是要使人们更加开明
[启蒙]，社会基础更加巩固，道德和德行更加稳定。然则，这一切战斗
的呼声对于他们来说会变成怎样的一场笑柄啊！——假如他们终于被
迫不得不放弃他们那恳切的乐观主义，否定他们的教条主义，停止他们
的呼唤——总之，是向一个满腔期待着的世界宣告了这一点："理性归
根到底告诉我们说，并不存在上帝，宇宙只不过是自行运动的物质，而
且我们这些'哲学家们'也像我们所驳斥过的无知教士们一样地一无
所知。"

　　我并不想给人留下这种印象，即"哲学家们"开始怠慢抽象的理
性，单纯地或主要地是因为他们在这条道路上发现有一个逻辑上的两
难；更不想，正因为他们根本就找不到任何终极的理由要拥抱德行，
所以他们才以更大的热情来拥抱德行。这一切也许都有点道理——我
倾向于认为是有的，但是我不想过多地强调它。"哲学家们"肯定是需

---

[1]　德米亚(Demea)，生卒年不详；斐罗即犹太人斐罗(Philo Judaeus，公元前30？—公元
　　　40)。——译者注

要有一点思想上的抵押品来担保他们那光辉的许诺的,来维持他们那职业上的偿债能力的;但是除此之外,他们也像别人一样地是随着时代的强大潮流而在随波逐流的。休谟由思辨转向了历史学、经济学和政治学,就象征着舆论气候的某些变化——那是对人们政治社会的具体活动之日愈增长的兴趣以及以更热忱的风格、更满怀感情的心态来对待这些事物的那种气质。卢梭是这种新的心态的主要代表人物,但并不是它的创始人。要确认这一点,我们只消查阅一下 1753 年至 1768 年间梅尔奇奥尔·格林所编辑的文学新闻。让我们从这位辛勤而口紧的格林肩头上望过去,当时刚过 18 世纪中叶,他正在评论新书。1755 年他报道说,布瓦罗[1]已经很少有人阅读,因为讽刺已经不再行时了。这里述说的这一事实并不如格林对它的评论那么重要;格林认为讽刺要求的是低级的才智,而且既然它是单纯破坏性的,所以在根本上也就是无用的。[2] 在同一年,他提到了孔狄亚克[3]的 *Traité des Sensations*(《感觉论》)一书并没有很好地为人所接受;他把这一点归咎于这一事实,即除了太散漫之外,它还太冷淡、太缺乏"哲学的想象力"。[4] 他抱怨说,政治学是一门最落后的科学[5];但又满意地提到,在另一方面对其他有用的题材(农业、商业、历史、道德)的研究却从来没有得到这样的普及。[6] *En philosophe*(以哲学的方式)研究有用的事物,认真地探讨它们,向它们注入一种富有想象力的热情——这

---

〔1〕 布瓦罗(Boileau-Despréaux,1636—1711),法国诗人、批评家。——译者注

〔2〕 《文学通讯》卷Ⅱ,第 214 页。

〔3〕 孔狄亚克(Condillac,1715—1780),法国哲学家。——译者注

〔4〕 《文学通讯》卷Ⅲ,第 111 页。

〔5〕 同上书,第 97 页。

〔6〕 《文学通讯》卷Ⅱ,第 170—171、506 页。

比起把理性的软弱性和知识的不确定性的基础都暴露出来要好得是何等之多啊！

在理性时代几乎还不曾走过它一半的途径时，"哲学家们"就承认理性的软弱性了，他们对直言不讳设下了禁令，并且转到了有用的（也就是说，事实性的）题材的研究上面来。在随后的几十年中间，兴趣转向具体的和实际的问题的趋势、对以政治社会改革的各种问题来思考人类的日益增长的关注、不断升温的舆论气候，便年复一年越来越显著了。政治家们可以说"就让沉睡的狗躺着吧"[1]，国王们可以板起面孔说"朕即国家"[2]的日子已经成为过去了。在那些岁月里，当人世间的狂潮把国王们推入了灾难的时候，国王们在压力之下就要和腓特烈大帝一起宣称"我是国家的第一公仆"了。因此，流行的风尚到处都是统治者变得仁慈了，为的是缓解一下人们不肯承认他们的那种专制主义；他们还要大谈各种改革，哪怕他们并没有进行一点改革；而将要成为他们的继承人的那些年轻的王子们则被要求在"哲学家们"所确立的教育之下从事历史研究，为的是要从人类的经验之中学到"一个负责改善社会的君主身上所必须具备的"[3]那些东西。

社会的改善乃是"哲学家们"最为关心的事，而且他们应该被召请来教给王子们的那种仁慈的艺术，肯定是最恰当不过的事。然而不幸的是，他们被召请来从事这项实际的工作，恰好是在他们开始觉察到抽象的理性对谈判习俗与天性双方之间的和解是无能为力的这个时

---

[1]　据传为法国宰相黎塞留（Richelieu, 1585—1646）大主教语，"沉睡的狗"指人民群众。——译者注

[2]　为法国国王路易十四（Louis XIV, 1643—1715 年在位）语。——译者注

[3]　孔狄亚克《全集》（1798）卷 XXI，第 13 页。

刻——这种和解乃是他们曾经如此之信心十足地宣扬作为人类努力的当然鹄的的。哲学教师向年轻的王子说:"宗教、道德和政治应该以自然法为根据,它们应该与人的天性相和谐一致"——这当然是最好不过的。而年轻的王子假如懂得了他那哲学的话,就可以回答道:"人家告诉我,宇宙只是运动着的物质,而人则是机械地被决定了的自然产物;所以一切事物,正如他们的现状那样——教士和哲学家一样、迷信和启蒙一样、暴政和异端裁判所也与自由和 *Encyclopédie*(《百科全书》)一样——早已经和自然是相和谐一致的了。"那么又怎么办呢?在那种情况之下,"哲学家"无疑地在他得以改善社会之前,就需要改善抽象的理性。一个如此之不好的社会永远是不可能加以纠正的,除非是在天然就美好的习俗和天然就恶劣的习俗二者之间能划出某种区分。

美好和恶劣之间的区分! 这肯定不是一种新颖的观念;反之,它是一种很古老的而又极为基督教的观念。那么"哲学家们"就必须——像是休谟所说的——投靠启示的真理吗? 不,简直没有必要跑得那么远;但是却有必要从抽象理性所占领的先头阵地上、从自然界"关怀善并不有甚于恶,正犹如关怀热并不有甚于冷"这种想法上,执行一次战略撤退。否则的话,为复兴社会而进行的战斗就肯定要失败,而要改造王侯贵族们成为有用的人这一伟大的计划就无非是一场春梦罢了。卢梭比任何人都更理解这一点,或许因为他是直觉地了解它的,而并没有任何理性主义的抑制;而且正是卢梭指出了做出撤退所必须采取的路线。除非是"哲学家们"

向自然界设定一条界限,否则的话,形形色色的妖魔、鬼怪、侏儒和幽灵就可以明确地被特许进入自然界了;于是每个对象的形象就都会被歪曲,而我们也就对我们自身不会再有任何共同的模式。我重复说一遍，在一幅对人性的图像中，每一个形象都应该像人……我们应该区分人性的多样性和成其为人性之中的本质的东西。[1]

这样，洛克曾如此之礼貌周全地从大厅的正门送走了的内在观念，又不得不偷偷摸摸地从厨房的窗子里引了进来；于是个人身上已经被笛卡尔的逻辑所消灭了的灵魂，又不得不在人道之中被再度发现。个人的灵魂可以是罪恶的，可以是暂时的，甚而可以是一种幻象。然而人道的灵魂，这一对人性"成其为本质的"某种东西、这种"我们自身的共同模式"（而这除了是古老的中世纪"唯实论"的复活之外，又还能是什么别的东西呢?）肯定是不朽的，因为它是永恒的和普遍的。因此"哲学家们"所不得不做的，就是要以启蒙的明灯在这个广阔的世界上下求索"普遍的人"，正像是蒙田在他们以前所做过的那样。他们必须认同、列举并描述所有的人都具有的种种品质，以便确定他们自己的时代有哪些观念、习俗和制度是与普遍的自然秩序不相调和的。为了成功地进行这桩伟业、这场 18 世纪的寻找圣杯[2]运动，抽象的理性之光就必须被经验之光所取而代之。普利斯特雷说道："没有历史学，我们合乎理性的天性就必须被列到很低的位置上去。"[3]不用说，为"哲学家们"所需要的历史学乃是一种"新史学"——那种历史学是用前例来教导人们的一种哲学。

---

[1]　《爱洛依丝》[按，即卢梭《新爱洛依丝》(La Nouvelle Hélóíse)一书。——译者注]卷 I，第 4 页。

[2]　"圣杯"(Holy Grail)为基督教传说中耶稣在最后晚餐上所用的酒杯，中世纪的骑士以寻找圣杯为最光荣的事业。——译者注

[3]　《历史与普通政治讲演集》(美国版，1803)卷 I，第 52 页。

二

　　"新史学"是一个老故事了。既然历史学并不是一种客观存在,而只是对已经消逝的事件在想象中加以重构,那么在一个世代看来是有用而惬意的模式,就永远不会对下一个世代也全然如此。所以伏尔泰的话里是有其深刻的真理的:"历史学只不过是我们对死者所玩弄的一套把戏罢了。"这些把戏不大可能对死者造成任何伤害,而它们对我们肯定是会大有好处的。就最好的方面而言,它们帮助我们掌握我们自己的困难;就最糟的方面而言,它们由于帮助我们培养了对更光辉的未来的希望而使我们能忍受它们。因此我们玩弄这类把戏,就很可能取决于我们对现状的态度。如果对现状十分满意,我们就很容易向我们的祖先致以可疑的敬意,以一种谨慎的和学究式的冷漠态度去对待他们;但是当两个时代脱节的话,我们就倾向于因此而责难他们,不然的话,我们就把他们打扮起来作为适合于我们所要加以仿效的模范,赋以光辉耀人的美德——而事实上,那是他们所从未曾有过的,或许还是他们根本就不会承认是美德的东西。

　　我们大家都很熟悉我们当代的"新史学"。20 年前,詹姆斯·哈维·鲁滨孙[1]曾哀叹地指责历史学家们浪费时间去考订"公元 887 年 7 月 1 日胖王查理[2]是在英格海姆(Ingelheim)抑或是在鲁斯特脑

----

[1]　詹姆斯·哈维·鲁滨孙(James Harvey Robinson,1863—1936),美国历史学家,"新史学"的倡导者。——译者注

[2]　胖王查理(Charles the Fat),即"查理三世",西法兰克王国国王,884—887 年在位。于公元 887 年在英格海姆或鲁斯特脑的特立布尔(Tribur)会议上被推翻。——译者注

(Lustnau)"；他提到历史学家们对于过去知道得太多，而对于人却知道得很少。有鉴于各个时代是如此之脱节，他就请他们更详细地审视一下海德堡人的下巴[1]——也就是说，请他们熟悉一下"有关人的最新的科学"，从而他们就可以"回顾过去并利用过去使之有利于进步"[2]了。或许不需要指出，鲁滨孙并不是新史学家中的第一个人。在公元6世纪[3]，圣奥古斯丁在多少是不同的情况之下就看出了一种新史学的好处，并且实际上也由于写了一部《天城》而创造了新史学，这部书毫无疑问乃是对死者所曾玩弄过的最巧妙的和最成功的把戏之一。至少它能充分良好地服务于它的目的直到15、16世纪为止，到了这时候又有一种新史学在受到召唤。这时我们就发现人文主义者在"利用过去"为古典学术的利益服务，利用爱国者为民族或王室威信的利益服务，利用天主教徒为旧信仰的利益服务。随着时间的流转，当宗教的和民族的仇恨多少已低落下去的时候，当"利用过去"这种愿望已有所减少的时候，于是17世纪和早期18世纪就是轮到历史学家们变得博学而冷静的适当时候了——是时候该有一位马比雍[4]或杜康热[5]了，该有波朗狄派[6]和本笃派[7]了，该有许多精心钻研已死掉的过去的研究者了，例如富莱雷[8]，他在铭文学院（Academy of Inscriptions）所

〔1〕　20世纪初在德国海德堡（Heidelberg）发现的史前人遗迹。——译者注

〔2〕　《新史学》第24页、第71页以下、第80页。

〔3〕　按原文有误，"公元6世纪"应作"公元5世纪"。——译者注

〔4〕　马比雍（Mabillon，1632—1707），法国本笃派教士、作家。——译者注

〔5〕　杜康热（DuCange，1610—1688），法国学者。——译者注

〔6〕　波朗狄（Bolland，1596—1665），法国学者，耶稣会士。——译者注

〔7〕　圣本笃（St. Benedict，480？—543？），意大利本笃派创始人。——译者注

〔8〕　富莱雷（Fréret），17世纪法国历史学家。——译者注

刊行的无数文件构成了18大卷之多的精确资料,而世人却已经心甘情愿地——而且可能是很有用地——把它们遗忘了。

在考察了当时某些"正统的"史书之后,我毫不惊异地得知"哲学家们"对它们并不满意。他们必定曾经枉然地在富莱雷的单行本与德图和梅塞瑞[1]的著作里寻找这"人心的组成";而鲍修哀[2]在他的《通史论》一书里所发现的人性中某些"本质的"东西,从他们的观点看来则肯定是十分错误的东西。因此,这些"哲学家们"就以詹姆斯·哈维·鲁滨孙的腔调,而且几乎就以他的每一个字,发出了一种要求新史学的呼声。费奈龙[3]尽管只不过被列名为一个"哲学家"而已,却毫无疑问地是最初一批之中的第一个。他抱怨说:"枯燥而沉闷的编年史作家,除了编年而外就不知道还有其他的编纂形式",而且他认为"把一个国家的种种变化作为一个整体来观察,要比只叙述个别的事实"[4]重要得多。费奈龙的呼声还只是旷野之中的呼声;而到了18世纪中叶,这种呼声就来得越发迫切了。丰特奈尔说:"头脑里堆积一桩又一桩的事实,精确地记住年代日期,把自己装满战争精神、和平、联姻、家谱——这就是人们所谓的懂得了历史。……我马上就找得出精确地懂得全巴黎所有钟表的历史的人。"[5]格林说:"我们历史学家的全部分量就在于对事实进行沉闷而学究式的讨论——而这些事实通常都是不重要的,正如它们也都是不确定的和有争议的   也在于他们

---

[1] 德图(DeThou,1553—1617),法国历史学家;梅塞瑞(Mézeray,1610—1683),法国历史学家。——译者注

[2] 鲍修哀(Bossuet,1627—1704),法国作家。——译者注

[3] 费奈龙(Fénelon,1651—1715),法国作家。——译者注

[4] 《全集》(1848—1851)卷Ⅵ,第639—640页。

[5] 《全集》卷Ⅴ,第433页。

全部那份以一种成功的神态而相互驳斥的本领。""历史书必须要由哲学家来写，不管我们的学究们都说些什么。"〔1〕伏尔泰说："你宁可要哲学家们来写古代历史，因为你愿意作为一个哲学家来阅读它。你只是寻找有用的真理，但是正如你所说的，除了毫无用处的种种错误而外，你几乎找不到任何东西。"〔2〕狄德罗说："别的历史学家讲述事实是在向我们报道事实。您〔伏尔泰〕讲述事实却在我们心里激起了对谎言、无知、虚伪、迷信、暴政的强烈憎恨；哪怕是对这些事实的记忆已经消失之后，这种愤怒仍然存在着。"〔3〕

所有的"哲学家"都发出同样的尤怨，认为"正统的"历史学家是在为事实而积累事实；他们都提出过同样的要求，即新史学必须由"哲学家们"来写，以便从事实之中籀绎出那些"将引导着我们认识自己和别人"〔4〕的有用的真理。这个要求确实并没有被人忽略。在 18 世纪后半叶，"哲学家"转化成了历史学家，或者说历史学家转化成了哲学家；而这类在两者之间的新型的历史学家们便检阅了全人类，从中国直到秘鲁。19 世纪的历史学家们偏爱一种观念，即 18 世纪是"反历史的"，亦即 18 世纪对历史不感兴趣，因为它愿意"与过去决裂"并重新开始。有鉴于当时所写的历史书籍数量非凡之多，它们出了许多版，以及当时所有的领袖人物所归之于这门学问的巨大的重要意义；所以上述的说法必定包含有一种 *non sequitur*（不合前提的结论）。只要我们肯想一想，有许多为人所熟知的历史学家的名字就会涌现在我们的心目之中：

---

〔1〕　《文学通讯》卷Ⅲ，第 20 页；卷Ⅵ，第 46 页。

〔2〕　《风俗论》(1775) 卷Ⅰ，第 i 页。

〔3〕　《全集》卷 XIX，第 460 页。

〔4〕　丰特奈尔《全集》(1790) 卷Ⅴ，第 431 页。

吉本、休谟和罗伯逊；罗兰、伏尔泰、孟德斯鸠、马布里、雷那尔和赫尔
德。[1] 这些都是最为人所熟知的名字。我们只要翻阅一下格林的
Correspondance littéraire(《文学通讯》)，就会知道在 18 世纪后期，没有
任何别的题目是比历史更多被人们所阅读和写作的了。我是仔细考虑
之后提到了写作历史的，因为哲学家们不管有没有写过历史，几乎全都
不厌其烦地告诉我们为什么应该以及应该怎样写历史。而且就我所
知，他们没有例外地都告诉我们说，历史学是与道德相联系着的，是所
有的学科之中最为重要和最值得研究的一门。

　　或许"哲学家们"是在希望"与过去决裂，重新开始"。在某种意义
上，他们是这样做了的；但是并不能就此推论说，他们对历史学不感兴
趣。我们很可能对束缚着我们的手铐感兴趣，而那恰好就是"哲学家
们"对于过去所感到的那种兴趣；他们希望知道为什么人们在有过那
么多世纪的经历之后，却仍然为他们前人的愚蠢和错误所束缚。伏尔
泰可以说："世界上重大事件的历史简直无非就是种种罪行的历
史"[2]；但是尽管如此，他却不厌其烦地写出了六大卷的世界史。对
于过去，没有人比沙德律[3]想得更糟糕的了，他坚信现存的种种思想
和习俗都只不过是一大堆已经得到手里的无知而已。他说："为了能
够幸福，就更有必要忘却而不是记得。"因为启蒙了的人们的伟大目标
应该是"在舆论的废墟之上建立起理性的大厦"。作为对于这一伟大

---

[1]　吉本(E. Gibbon, 1737—1794)，英国历史学家；罗伯逊(William Robertson, 1721—
　　　1793)，英国历史学家；罗兰(Charles Rollin, 1661—1741)，法国人文主义历史学家；
　　　雷那尔(G. Raynal, 1713—1796)，法国哲学家、历史学家；赫尔德(J. G. Herder,
　　　1744—1803)，德国作家。——译者注

[2]　《文集》卷Ⅱ，第 172 页。

[3]　沙德律(Chastellux)，法国历史学家。——译者注

目标的贡献，他就写出了一部两卷本的通史，题名为 *De la félicité publique*（《公共福祉论》）。公共福祉是未来将要获得的某种东西，而不与过去决裂就不可能获得它；但是为了引导人们与过去决裂，首先就有必要向他们表明过去是何等地糟糕。于是，结果变成在写一部《公共福祉论》的时候，沙德律就发现——正如他所说的——自己已经承担了"追溯人类的不幸"[1]这一任务。

即使是沙德律也不曾单纯地为了表明过去是多么糟糕而写一部历史。他说，写出有关那么多的特殊事件的历史是没有用的，假如从中"我们未能分辨出来……比如此之小心谨慎传下来给我们的那些事实更加确定得多的普遍事实的话"。[2] 并不是所有的哲学家都像沙德律一样把过去想得那么糟糕，但是他们都分享他的观点，即历史是应该加以研究的，为的是把那些"普遍的事实"分辨出来作为可能有用的教训。关于这一点，我们可以引征不同的如丰特奈尔、普利斯特雷、博林布鲁克、孔狄亚克、吉本、卢梭和罗兰这些人的作品。但这并没有用；他们的各种观点无非是一阕单一主题的变奏而已，而这一主题则最好不过地在杜克洛[3]的《路易十一史》一书的《序言》中得到了阐述：

> 我并不想从事证明历史学的功用：那是一桩太被人普遍公认的真理而无需证明。我们在世界的舞台上看到了一定数量的场景——相续，反复无穷；我们看到了各种同样的错误照例是继之以同样的灾难，我们可以合理地认为，假如我们能够懂得了第一次，我们就可以避免其他各次了。过去可以为我们照亮未来，而历史知

---

[1] 《公共福祉论》(1822)卷 I，第 220 页。

[2] 同上书，第 55 页。

[3] 杜克洛(Charles Duclos, 1704—1772)，法国哲学家。——译者注

识无非就是一种期待之中的经验罢了。

最后就让休谟把这个问题的实质概括为两句话："在所有的时代和地方，人类是如此之甚地同一个样，以至于历史在这一点上并没有告诉我们任何新奇的东西。它那主要的用途只不过是要发现人性的普遍永恒的原则而已。"[1]

然则这些"哲学家们"是像19世纪的历史学家们所喜欢想象的那样，希望着"与过去决裂"吗？他们显然是希望清除从过去所继承下来的各种坏思想和坏习惯的；同样十分显然的是，他们希望把握住好思想、好习惯，假如有任何是好的。但是这个问题之所以值得回答，只因为它不是一个恰好适于询问的问题，而它之所以是一个不适于询问的问题，乃是因为它向那种舆论的气候投射了一种先入为主而事实上并不存在的成见。"与过去决裂"的说法就自然而然地上了历史学家们的口头，因为他们是如此之深切地关怀着"历史的连续性"和各种体制的演化。经历了25年的革命和国际战争[2]之后，大多数人都感到需要把社会稳定下来；而对于这一需要最使人满意的理性论证则是由那些历史家们和法学家们提出来的。他们专心执意地研究社会的起源，他们提出了这一问题：社会，尤其是这个民族或那个民族的具体社会，是怎样成了它目前的状态的？这个问题里面所涉及的一个不自觉的、先入为主的成见便是：假如人们理解到一个民族的风尚是怎样恰好成了它以往的那种样子，他们也就会充分认识到，试图按照某种合理的计划要一下便整个地改造它们，便是一桩蠢事了。因此，19世纪的历史学家们和法学家们就确立了历史的连续性；而设想有可能打破历史的

---

[1] 《文集》卷Ⅱ，第94页。

[2] 指1789—1814年间的法国大革命和拿破仑战争。——译者注

连续性,自然似乎对于他们就是"反历史的"了;而企图要这样做,就会像一棵茂盛的树要和滋育它的根茎决裂一样地是灾难性的。

　　但是连续性这一观念对 18 世纪的"哲学家们"是没有什么用处的。毫无疑问,这一观念是存在的,随时可以捡起来加以使用,只要任何人有此需要的话。这种想法里就蕴涵着今人之优越于古人,因为今人得益于古代的经验和知识。它也就蕴涵着完美性,是有着光辉夺目的动人的前景的。这可以在维柯、格林、杜尔哥、狄德罗、赫尔德、孟德斯鸠和莱布尼兹的著作中找到。狄德罗在所有对于达尔文的演化理论来说乃是至关重要的要素上绊倒了;而要害就在于,他在它们上面绊倒了,竟仿佛它们乃是绊脚石而不是垫脚石似的——而且对于他来说,它们也确实是绊脚石。伏汉(Vaughan)教授指出,孟德斯鸠被难题缠住了,而那是各种体制的逐步展开这一观念很容易加以处理的;他感到莫名其妙,为什么孟德斯鸠就没有运用这一观念,因为它所有的要素都在那里面了,就在他自己的手稿里,就在桌子上注视着他。确实是,就在他自己的手稿里已经有了这一观念了。但重要的是,孟德斯鸠并没有使用它,也不曾有任何一个人(莱布尼兹除外)好好使用过它。这一观念是 18 世纪就有了的,可是没有人欢迎它,它无依无靠地徘徊在人们意识的边缘,它怯生生地走近了门槛,却从没有真正地迈进去。

　　那原因是,18 世纪的"哲学家们"主要感兴趣的并不在于使社会稳定,而在于要改变社会。他们并不追问是怎样成为它那现状的,而是要追问怎样才能使它比它那现状更好。对这种心灵倾向,没有比卢梭《社会契约论》开宗明义的那句名言更中肯的说明了:"人是生而自由的,但却无往不在枷锁之中。这种变化是怎样形成的? 我不清楚。是什么才使得这种变化成为合法的？我自信我能够解答这个问题。"[1]
因此，就请不要向"哲学家们"追问那个对 19 世纪是如此之可贵的问
题，即"社会是怎样成为它现在的样子的"。他们几乎会毫无例外地和
卢梭一起回答说："我们不清楚。"而且我们马上就感到他们嘴边上还
有一句不耐烦的话要来打断我们，即"我们也并不关心"。他们仿佛是
在说："社会是怎样成为它目前的样子的，又有什么分别呢？"人人都可
以看得到，它显然是不合理的、压迫人的、不公正的，显然是违反人的本
性的，显然是需要加以纠正的，而且还需要赶快。我们需要知道的是，
它怎样才可以得到纠正；我们向过去追求的是光明，不是社会的起源而
是它未来的状态。我们既不想与过去决裂，也不想紧抱住它不放，而是
想利用它。我们想要从其中籀绎出来在人类的经验之中分布得是如此
之广泛而又如此之持久的那些观念、习俗和体制，以至于它们可以被看
作体现了"人性中那些永恒而普遍的原则"，使我们可以据之以建立起
一种比起现存的更为公正的 *régime*（体制）。

　　从这种先入为主的观点来看，我们就可以阅读这些哲学家-历史
学家们而不会感到厌倦或惶惑了。既然他们主要关心的并不是连续
性，并不是各种体制的演化、展开和分化，那么他们就可以高傲地蔑视
各种"单纯的事件"，他们没有良心上的迫使，要把多情的关怀浪费在
考订确切的日期上。他们在追求着"普遍的人"，所以我们要是感到惶
惑就不合理了，因为他们并不要在公元 887 年 7 月 1 日的苑格海姆或
鲁斯特脑去寻求"普遍的人"。普遍的人，例如经济人，是在时间空间
的世界之中并不存在而只存在于概念世界之中的一个人，因此就只能
是求之于从一切时间和空间的一切人身上所抽出来、为一切人所分享

---

[1]　卢梭《社会契约论》中译本（北京：商务印书馆，1997），第 8 页。——译者注

的那些品质。毫无疑问，胖王查理也正如苏格拉底一样地是一个人，所以他在英格海姆和鲁斯特脑也会显示出自己和苏格拉底所共有的某些品质。要点是要注意所显示了出来的品质：无论它们是在英格海姆还是在鲁斯特脑，无论是在 7 月 1 日还是别的哪一天都没有关系，确切的时间和地点都只不过是过眼烟云的"偶然事件"，主要地只是供说明之用而已。

因此显然可见，对于这样构思的历史著作来说，编年的顺序就并没有本质的意义。确实，人们可以采用它来作为最方便的顺序，而且事实上我们发现休谟、吉本、伏尔泰和马布里也都或多或少是以这种顺序在表述他们的材料的。但是一个哲学家-历史学家同样也很可能忽视编年的顺序，像是孟德斯鸠和雷那尔所做的那样，却并未使自己蒙受不算是一个历史学家那种指责。孟德斯鸠所采用的方法看来就是哲学家-历史学家的那种方法，亦即理想的方法。因为哲学家-历史学家的任务从理论上说，就是要注意所有的时代和所有的地方的各种思想、习俗和体制，把它们排列在一起，并仿佛是删除那些看来只是地区性的或暂时性的东西；剩下来的便是为全人类所共同具有的东西了。从人类经验的这些共同方面出发，于是就有可能——假如终究可能的话——发现像是休谟所说的"人性的永恒而普遍的原则"，并且根据这些原则来奠定一个重新建构的社会。这样，哲学家-历史学家的理想方法就会是比较的方法，是严格客观的、归纳的、科学的方法。

然而这种理想的方法并未被哲学家们使用过，甚至于也未被做出了最勇敢的姿态要这样做的孟德斯鸠本人使用过。的确，最发人深省的事情便是：在 *Esprit des lois*（《论法的精神》）这部书中，孟德斯鸠运用比较方法和归纳方法最为成功的那些部分，他的最为客观和最为科学的那些部分，恰好是哲学家们所最不喜欢的那些部分。一般说来，

Esprit des lois 给哲学家们留下了一份很坏的趣味,因为孟德斯鸠坚持认为"人性的永恒而普遍的原则"终究是"相对的",所以——例如说——在某些气候之下适合于人性的东西,可能很快就在别的气候之下并不适合于人性。"哲学家们"觉得孟德斯鸠过分迷恋于已有的事实,以至于无法严谨地按某些事实所应份地那样来对待它们;使他们感到震惊的是看到了他竟轻易地在玩弄着本不应该是多么好的那些插曲。伏尔泰(那位属于一切人的伏尔泰!)批评了孟德斯鸠的轻浮,因为孟德斯鸠更愿意震撼他的读者而不是教导他的读者;伏尔泰还认为把封建的王侯们居然称为"我们的祖先"乃是荒唐透顶的。按孔多塞的说法,假如孟德斯鸠不是"更关心着要寻找成为现状是什么样子的原因,而是它应该成为什么样子的原因"〔1〕的话,那么他就会做得好得多。甚至于卢梭——他比任何人都更加称赞孟德斯鸠——也发现孟德斯鸠和他之前的格劳秀斯一样过分地倾向于根据事实来认定权利。〔2〕这肯定是一个需要加以解释的悖论:"哲学家们"宣称,研究历史为的是要根据人类经验的事实来确立适合于人性的各种权利,竟又恰恰因为孟德斯鸠是太倾向于以事实来确定权利而谴责他。那么,是否有可能"哲学家们"并不是真正对根据人类经验的事实来确立适合于人性的权利感兴趣呢? 有可能是他们在致力于那种邪恶的中世纪的工作,即调和人类经验的事实与在某种方式上已经是向他们启示了出来的真理这两者吗?

〔1〕 《全集》(1847)卷 VIII,第 188 页。

〔2〕 《卢梭政治著作集》(伏汉编)卷 II,第 147 页。

三

可惜，就是这样，这确乎就是事实。18 世纪的"哲学家们"也像中世纪的经院学者们一样，紧紧地抓住一套被启示的知识，而且他们不愿意或者不能够从历史中学到任何东西，这些东西不能通过对死人玩弄某种巧妙的把戏而与他们的信仰相调和。他们的信仰也像任何时代所依赖的信仰一样，是由他们的经验和他们的需要而产生的；而且既然他们的经验和他们的需要是与传统的、既定的并且依然是强而有力的教会和国家的哲学处于你死我活的斗争之中，所以他们的信条在每一点上就都是和既定的哲学信条相违背的。启蒙运动的宗教，其根本信条可以这样表述：(1)人并不是天生来就腐化了的；(2)人生的目的就是生命本身，是在大地上的美好生活而不是死后的赐福生活；(3)人唯有受到理性和经验的光明所引导，才能够完善大地上的美好生活；(4)大地上美好生活的首要条件就是从愚昧和迷信的枷锁之下解放人们的心灵，从既定的社会权威的专横压迫之下解放他们的人身。有了这一信条，"人性的永恒而普遍的种种原则"——休谟告诉我们说，它们是要由研究历史才能发现的——就必定会协调一致，而且"一般人"(man in general)就必定会成为便于阐释这些原则的一种生物。因此，这些"普遍的原则"是什么，"哲学家们"在他们着手探索它们之前早已知道了；他们已经按照自己的形象创造出了"一般人"，所以他们对他是非常熟悉的。他们本能地就知道"一般人"天生是善良的，很容易被启蒙，天性是遵循理性和常识的；他是慷慨的、有人情味的和宽容的，更容易被说服而不是被强迫所引导；而尤其他是一个良好的公民和有德行的人，很好地警觉到：既然他本人所要求的权利只不过是所有的人的天然的、不可剥夺的权利,所以他就有必要自愿地担负起义务并服从一个公正的政府为了公共福祉所施加的种种束缚。

显然可见,他们以如此之令人毫不怀疑的坦率神情在声称,研究历史为的就是要发现人性的永恒而普遍的原则时,他们这些哲学家–历史学家是在欺骗我们。然而我们却能很容易宽恕他们,因为他们甚至于是更有效地在欺骗他们自己。他们并不知道,他们所寻找的"一般人",正好就是他们自己的形象,而他们一心想要发现的那些原则正好就是他们所据以出发的那些原则。这便是他们对于死者所玩弄的把戏。他们由于坚持道德与政治相结合而不自觉地牺牲了他们自己。按卢梭说,那些把道德和政治分裂开来的人,对于两者都一无所知。丰特奈尔说:"历史不与道德相结合的话,就不是什么好东西。……可以肯定地说,一个人可以知道人们所做过的一切,但依然不懂得人的自身。"[1]孟德斯鸠在他的大著的《序言》中告诉我们说,"事实"对于他是毫无意义的,直到他发现了它们所要阐明的原则为止。"我曾许多次开始,又很多次放弃了这桩工作;我曾屡次扔掉已经写好了的纸张;……我追寻我的目标而并未形成任何规划;我既未能掌握规则,也未能掌握例外;我找到了真理,但却错过了它;然而在我发现了我的原则时,我就得到了我所要寻求的一切。"狄德罗则说:"有人可能在想,历史知识应当先于道德知识;我不赞成这种意见。在我看来,在掌握有关行为的知识并把它们应用到人们身上之前,先掌握有关公正与不公正的观念是更为有用也更为有益的。"[2]这就再明白不过了:哲学家–历史学家掌握有公正和不公正的观念,他们在着手探索人类经验的领域之前,手中已

---

[1] 《全集》卷V,第434、435页。

[2] 《全集》卷Ⅲ,第439页。

牢牢掌握有他们的"普遍原则"和他们的"一般人"。

他们在客观性这面旗帜之下、在响亮的学术号角声中出发了，就好像是向未知的土地进行一场大发现的远航。他们出发了，但是在一种非常之真实的意义上，他们却从来没有越过18世纪的边疆，从来没有真正进入过去时代的或遥远大陆的国土。他们无法脱离目前的战场，他们在这里是如此之全力以赴地针对着基督教哲学以及支撑它的种种声名狼藉的事物——迷信、不宽容、暴政——在进行一场殊死的搏斗。针对着敌人，他们曾动用了理性和常识的全部力量；但是敌人却仍然坚强地四面包围着他们，而理性和常识尽管可以令人畏惧，却还需要增援。"哲学家们"扬言这种援助要向人类历史的事实之中去寻求；但事实上他们只是在执行一种侧翼迂回的行动以便扩大战场，以便从更高的位置上发动攻击。他们把这场冲突投射到许多世纪上去，从而它可以被看作不只是一场18世纪"哲学家们"与教士之间的争端，从而它可以被看作是人类全部经历中所展现的冲突的一个方面，是善与恶这两种宇宙势力之间的冲突，是"光明之城"与"黑暗之城"之间的冲突——是一场争夺人类灵魂的永恒冲突。理性和常识已经指出了基督教哲学的邪恶性；把它的行为揭示出来，指出它那罪恶影响的骇人听闻的事例便是历史学的任务了。

哲学家-历史学家们所肯定无疑的乃是，全部人类的经历都会证明理性和常识的正确性；但是为了使之成为应该如此，他们就有必要在过去的画面上配置好合适的光亮和阴影。我们可以说，他们就有必要诉之于从沉睡朦胧的历史到深沉严肃的历史之中分辨出来好的时代和坏的时代。被谴责为违反理性和常识的那些坏时代，显然就正是无知、迷信与暴政的那些黑暗时代，当时基督教的哲学是不容争辩地在横扫一切的；不需要有什么广泛的研究就会发现人类较为幸福的时代，亦即可以置之于与黑暗时代形成鲜明夺目的和富有教诲意义的对比的那些时代。首先是有过伯里克利和奥古斯都[1]两个黄金时代。"哲学家们"全都(或者是几乎全部)在学校里阅读过古典作家——正如在耶稣会或本笃会的教师手下往往是读不到的!——他们从古典作家们或是从罗兰改编的古典历史学家或是从普鲁塔克[2](尤其是从普鲁塔克)或是从普鲁塔克的译者或编者的说教式的"旁注"之中,学到了古典英雄们都是以什么作为自己的榜样的,斯巴达的或罗马的德行所要争取的都是什么。[3] 而在"黑暗时代"[4]之后就出现了"再生"[5]以及他们前面的黄金时代;路易十四时代和18世纪又对古代世界的和文艺复兴的光明和学术、自由和德行有所增益——这一点已经是人们的共识;于是哲学家–历史学家们就有了伏尔泰所称之为的"*quatre âges heureux*"("四个幸福的时代"),可以用之于对抗像一场病毒一样地在束缚着人们精神的那个"黑暗时代"了。幸运的是,还不只仅此而已。人类的经验已经能够不再限于地中海区域,历史也不再限于欧洲的传统了。即使不用提英国及其美洲殖民地的更为幸运的经历,也还有遥远地区的非基督教各民族的经历——在亚洲和东西两印度群岛;而且从十六七世纪旅行家们的叙述里,人们已经清楚地知道在有记载的历史时期的绝大部分,人类的绝大部分比起基督教会全盛时期那些世纪

---

[1] 伯里克利(Pericles,公元前495—前429),雅典政治家;奥古斯都(Augustus,即屋大维[Octavian],公元前63—公元14),罗马皇帝。——译者注

[2] 普鲁塔克(Plutarch,约公元50—125),罗马历史学家。——译者注

[3] 有关此处论述所依据的许多详尽资料,我要感谢前康奈尔大学研究生派克先生(H. T. Parker)的研究成果。

[4] "黑暗时代"指中世纪。——译者注

[5] "再生"即文艺复兴。——译者注

的欧洲各民族来,是生活得更为幸福和更富有人情味的(确实,除了是受基督教国家的压迫和掠夺而外),他们在法律和习俗之下也是更为自由和更为公平的,而且还更符合于自然宗教和道德。哲学家-历史学家们就动员了所有这些更幸福的时代和民族来为理性和常识服务:*quatre âges heureux*(四个幸福时代)的见证,英国人的见证,"我们英勇的美洲人"的见证,"智慧的中国人""高贵的印第安人"和"善良的野蛮人"的见证——所有这些令人信服的见证现在都可以欣然用来反对那些基督教的世纪,用来驳斥他们和打击他们。

这就是新史学的功能:要划出天然的善与天然的恶之间、适合于人性的与不适合于人性的各种习俗之间的区别,而那是抽象的理性所划不出来的。人类的经验会认定理性的这种判决的:基督教的哲学以及支持它的那些可耻的事物都是与人类的福祉为敌的。我现在在结论中就希望简略地指出,某些历史学家是怎样以不同的方法为了维护这一基本的需要而在设法"诉诸过去和利用过去的"。

让我们举出两部最早为人所熟知的历史书,即马布里的法国史和休谟的英国史。关于马布里的法国史,首先要注意到的就是,它并不是一部法国史,而是一部《法国史论》。而且事实上,马布里所论述的乃是:早在很久以前,在查理曼[1]的时代,法国人便具有适合于这个民族的天才的政治体制的种种要素了,然而后来在封建的无政府状态和教会的以及"教士的专制主义"之下,这种体制却被不适合法国人民的种种习俗所掩盖住了;而马布里此书的目的就是要把这种恰当的体制从积累下来的习俗的垃圾堆里面挑拣出来,并且要向他同时代的人们

---

[1]　查理曼(Charlemagne, 742—814),法兰克王国国王,后加冕为神圣罗马帝国皇帝。——译者注

表明:既然现在法国人已经充分启蒙得足以知道自己是在做什么,所以这种体制就很容易加以更新并加以使用了。休谟写的历史要比马布里的更加开阔,更少明显的教诲。初读之下,它似乎只不过是对历史事迹的一部沉闷的、毫无绚烂色彩的编年史;而且人们会感到奇怪,为什么期待着当时的历史学家们能用一种对 les moeurs(风尚)的描述来取代对事件的描述的那一代人,竟然如此之热心地阅读它。进一步再仔细地阅读,它那风行的原因就显然可见了。休谟设法以审慎的技巧在叙事的行文中织入了对恰好是 18 世纪所要加以谴责的那些事物的谴责——暴政、迷信、不宽容。书中的故事是对历史事件的叙述,然而那毕竟讲述得很好,而且尤其是那是 en philosophe(以哲学)在讲述的:也就是说,不是以它们的起源和效果来追踪事件的演变或者解释它们,而是为了要把"公正和不公正的观念"运用到事件上面来,为了要把理性时代的现成判断应用到事件上面来。不能从这样一部书里领会到对 18 世纪最有用的教训的人,就确乎是一个冥顽不灵的读者了——那也就是说,若非王侯们和政客们的野心、教士们的世俗利益和阴谋诡计、狂热分子的激情过度和对迷信的而又堕落的群氓们的恐惧,若非这些被公认的而且是可以纠正的罪恶,英国的历史就会成为任何其他民族的历史所应该成为的那种样子了。

现在就让我们来看一下,在某种意义上其范围是属于世界性(或者至少是国际性)的三部著作,即雷那尔、伏尔泰和孟德斯鸠三个人的著作。雷那尔的《[西]印度群岛的哲学与政治史》虽说可能一半是虚构,却因为它极为流行而使我们感到兴趣。此书在 18 世纪末叶以前经过了三次修订，发行了 54 次[1]，而荷拉士·华尔波尔[2]虽也承认这位舞文弄墨者夸大其词，但并非不恰当地称它为"[新、旧]两个世界[3]的圣经"。此书受到人们欢迎，因为它是一部撮要，读者似乎从中可以看到以适当精致的哲学方式写下了旅行家们和探险家们关于"聪明的中国人"和"善良的野蛮人"所说过的话的要点。雷那尔把他的读者们带入了周游非基督教世界的"大旅行"之中（这对读者们是非常方便的，因为他们可以在任何地点加入或者脱离这场远游）；他就像是库克[4]的一名好导游，在向读者们说明，这些民族的当地习俗之中有哪些是值得称道的东西，尤其是他们那些基督教的征服者们所强加之于他们的都有哪些腐败和悲惨是一个"哲学家"所应该注意的和加以指责的。雷那尔不如 Lettres persanes（《波斯人信札》）一书的作者[5]那么巧妙，但是在以原始民族的天然美德对比矫揉造作的欧洲基督教文明从而抨击基督教文明的一切著作中，《[西]印度群岛的哲学与政治史》一书是最投合一般读者的需要的，而且就由于这个原因而成为最有影响的一部书。

关于伏尔泰的大作 Essai sur les moeurs（《风俗论》），不需要再说什么了。它就像韦尔斯的《世界史纲》一样，乃是一部从已知的最早时代写下来的通史，指向着一种教诲：它要表明世界上各种伟大事件的历史几乎都不外是种种罪行的历史，人类所经历的黑暗时代恰好就是人们最受基督教教会统治的时代，而几乎仅有的光明与知识、艺术与科学的

---

[1]　《近代史杂志》卷Ⅲ，第 576 页。

[2]　荷拉士·华尔波尔（Horace Walpole, 1717—1797），英国作家。——译者注

[3]　"[新、旧]两个世界"指美洲和欧洲。——译者注

[4]　詹姆斯·库克（James Cook, 1728—1779），英国航海家。——译者注

[5]　该书作者为孟德斯鸠。——译者注

进步时代就是那 *quatre âges heureux*（四个幸福的时代），那时教士统治的罪恶多少有所减轻，因而人们的心灵就多少有点自由去追随理性。无疑地，《风俗论》一书并不只是这一点，但这一点却是 18 世纪的读者最有可能从中学习到的主要"教训"。正如狄德罗所说，它主要的作用就是在读者心中激发"一种对谎言、无知、虚伪、迷信和暴政的强烈憎恨"。

孟德斯鸠的 *Esprit des lois*（《论法的精神》）一书需要多少是更为广泛的评论，因为它已经被 19 世纪诠释者们的欺人之谈弄得面目全非了。非常之类似于"哲学家们""采纳了"费奈龙并运用他来反驳鲍修哀那样，19 世纪的作家们便采用了孟德斯鸠并运用他来反驳"哲学家们"。他们按自己的形象创造出了一个孟德斯鸠，使他成了客观的、科学的历史学家的先驱，主要是对事实感兴趣，主要是关心着以归纳和比较的方法来确定各种体制的"相对性"以及习俗对于气候和地理之无可救药的依赖性。"哲学家们"自己，正如我们所看到的那样，疑心孟德斯鸠是太过分专心寻求现状的原因、太过分倾向于根据事实来确定权利了。所有这些都有几分真实性，细心从《论法的精神》一书中摘选出某几段或某几篇，我们就可以证明很多的东西。伏汉教授告诉我们说，孟德斯鸠在他的"最后五卷书"中乃是一位历史学家，他的关注之一就是"要确定种种事实并且要解释每一桩事实都是怎样以及何以出现的"。[1] 可能就是这样。然而毕竟孟德斯鸠是能够就一句话写出一整章书来的，五卷书在他的眼里又算得了什么？三十一卷书中的五卷又算得了什么？而且伏汉教授确实是从五卷之中剔除了一卷，只留下了四卷。好，就让我们把这四卷以及在别处与它们相似的任何段落

---

[1] 《政治哲学史研究》卷 1，第 275 页。

都除外；就让我们承认，就此而言，孟德斯鸠是一位纯粹的"历史学家"，他唯一的关注就是"要确定种种事实"。

但是，就让我们再来读这部著作的其余部分，首先是删掉那无数的"卷"和"章"以及它们的号码；在我们阅读时，让我们记得这部著作是孟德斯鸠写的，不是一位 19 世纪的历史学家或比较政治学的专业学者写的，而是一位 18 世纪的贵族和有职位的人，是 *M. le Président à Mortier*（莫吉叶的主席先生），是一位精明的有现实感的人，他曾广泛地阅读过，他曾长期地思考过人和他的世界的种种问题，他喜欢把自己的思考写下来，并随时用从他的经验或他的阅读中"得来的"事例来支持和说明它们。如果我们这样阅读 *Esprit des lois*（《论法的精神》），我以为我们就可以理解我们所正在阅读的并不是一部有系统的政治论文（人人都看得到这个事实：它不是有系统的），而是一部不相连贯的思考的作品——实际上是一部文集。这时候我们就会发现，作者在某种意义上乃是一位 18 世纪的蒙田——是蒙田再加上一小点贝尔[1]，还加上一点别的东西，有着一缕 18 世纪对现状的不满，还着 18 世纪那种要纠正它们的冲动。无论如何，我们都会惊讶于孔多塞竟能认为孟德斯鸠对现实情况关怀得太多了，而对应有的情况关怀得太少了。有关现实情况的报道，孟德斯鸠对凡是到手的信息都加以运用——从古典作家那里，从旅行家的报道，从口头的传说。这些信息往往是极其肤浅的，极少是经过审查的，以至于人们要获得有关事实的可靠知识，就不如去看伏尔泰，更不用说要去看吉本了。孟德斯鸠对于如此这般的事实并没有多大敬意；对于他来说，它们并不是根本性的而只不过是例证性的，它们本质上的真实性并不在于它们本身，而在于它们的含义；

―――――――――――

[1]　贝尔（P. Bayle, 1647—1706），法国作家。——译者注

它们乃是现成可能的事例——究竟是否详细精确地考察过,并不是什么大问题——可以使得适宜于在这种或那种政府的一般政策和在如此这般的情势之下任何一个统治者所应该遵循的一般准则变得鲜明而具体。这个小小的字样"应该"——它在 *Esprit des lois*(《论法的精神》)一书中起着一种何等之根本性的作用! 翻开这部书,处处都有:"宗教和民法应该具有使人们成为良好的公民的倾向。"[1]有关贞洁的法律是"从自然法中产生的,并且在一切国家中都应该受到尊重"。[2] "每一个国家的"政治法和民法"都应该无非是人类理性的法则的特殊应用而已"。[3] 尽管一个共和国的原则是德行,但"这并不意味着在任何一个具体的共和国里,人民都是有德行的,而是他们应该如此"。[4]人们可以无限地追寻下去。它是太显眼了而不会被遗漏掉的;针对着孔多塞的评论,我们必须提到达朗贝尔的更为公正的评论:"他[孟德斯鸠]所关怀的倒不是那些已经制定了的法律,而更其是那些应该加以制定的法律。"[5]

在评价一部书之前,最好是先细心读一下它的题名。孟德斯鸠这部书的题名是什么? 它不是法律,而是法律的精神。孟德斯鸠主要关注的并不是现有的法律,而是正义的某种理想品质,那是考虑到全部物理的和人文的处境时,它们所应当具备的。对于那些力求以归纳的方法根据人类经验的"各种事实"来确立一种政治科学的人们来说,*Esprit des lois*(《论法的精神》)几乎没有什么内容。但是一心想削弱 *ancien*

---

[1] 卷 XXIV,第 14 章。

[2] 卷 XV,第 12 章。

[3] 卷 I,第 3 章。

[4] 卷 III,第 11 章。

[5] 《全集》(1821)卷 III,第 450 页。

régime(旧制度)〔1〕中教会与国家的基础的 18 世纪改革家，又能到哪里去为自己的目标寻找一座配备有更好的军火的武器库呢？他又能到哪里去寻找比根据"普遍原则"有着更牢固的基础、能更有效地提出在法国建立立宪政府的理由呢？他又能到哪里去寻找更多的形形色色的事实、类比、对照、间接的反驳、诡谲的假意恭维和闲情逸致、讥讽性的谦卑——这一切都是精巧地被设计出来的——可以使得"唯一真正的"和"天启的"宗教〔2〕的种种教义和做法显得荒唐可笑呢？我敢说，再也没有其他地方了。孟德斯鸠本人已经告诉我们要怎样看待他的著作，他告诉我们他当时"最聪明和最开明的"人们是怎样在看待它的："他们已经把 *Esprit des lois*(《论法的精神》)看作是一部有用的著作；他们认为它那道德是健全的，它那原则是公正的；它很好地设计了怎样造就良好的公民，怎样反驳有害的见解并鼓励良好的见解。"〔3〕

而那位伟大的吉本呢？吉本常常被当作一位模范的历史学家而与修昔底德和塔西佗〔4〕齐名，他的学识是如此之完美，他是如此之客观，如此之明显地客观，他论述的史实在一切事件上都是如此之准确——他又怎么样呢？在"加比多尔山〔5〕上的废墟"之中，他首先构想了叙述罗马帝国衰亡的规划，那是"人类历史上最伟大的并且或许是最可怕的场面"。他在自己强加于自己的这项任务上劳动了 20 年。他又是以怎样的技巧、以怎样精密而准确的丰富细节叙述了人类文明

---

〔1〕　"旧制度"指法国大革命前的政治社会制度。——译者注

〔2〕　"宗教"指基督教。——译者注

〔3〕　*Défense de l'esprit des lois*(《为〈论法的精神〉辩护》)第二篇。

〔4〕　修昔底德(Thucydides, 公元前 471？—前 400？)，希腊历史学家；塔西佗(Tacitus, 55？—117)，罗马历史学家。——译者注

〔5〕　加比多尔(Capitol)为罗马的一座小山，其上有朱庇特的神殿。——译者注

从公元 2 世纪——亦即人类纪年史上"最幸福而繁荣"的世纪——的高峰之上衰落下来的故事。他是以怎样宽容而闲适、但又悲伤而绝望的超然物外的态度在描写他所不喜欢的人们和他所痛惜的那些活动的。在他的题材所许可的那些罕有的时机,他又是以怎样宽慰的心情回过头去"呼吸共和国[1]的纯洁的和生气勃勃的空气"的。这位开明的 *savant*(学者)是以怎样的温文尔雅,是以怎样庄严而又崇高的反话和博学的误解在描述基督教的传播和胜利,在重新论证有关三位一体和道成肉身的那类玄妙的论辩,在讲述蹲在高柱之上的修士们和"僧侣圣者们"的种种幼稚的行动的——那些数不清的"既有辱教会又对国家有害"的"文件"不可能不激起一个"哲学家"的"鄙夷和怜悯"之情。在《罗马帝国衰亡史》的每一页,我们似乎都在进行一场漫长的旅行,但我们却始终是停留在同一个地方:我们和吉本一起留在加比多尔山的废墟之上。正是从加比多尔的废墟之上,我们仿佛是从遥远的距离以外窥见了一千年中人间所充满的黯淡形象,人们在一个不真实的、阴影般的世界里盲目地活动着,古怪地在行事。我们并不曾进入中世纪或者是重新生活过一段人类的经验;我们一直是坐在加比多尔山的废墟之上,在整个这段静止的漫长时间里倾听着毫无倦意的导游以一种忧郁而低沉的声调在向我们缕述人类所遭受的灾难和各种罪恶势力所强加之于人类的损伤,感到压抑和近乎麻木。是的,《罗马帝国衰亡史》是一部历史,但它不止于是一部历史而已;它是一篇悼词,是吉本在悼念古代文明的死亡;他为了"教导未来的世代"而描述了"野蛮主义和宗教的凯旋"。

野蛮主义和宗教的凯旋!这些字样就最恰当不过地唤起了那个哲

---

[1] "共和国"此处大写,指罗马共和时期。——译者注

学的世纪所想象的过去形象。就仿佛是人类已经被野蛮主义和宗教出卖了，已经被驱逐出了自然界的伊甸园。基督教的中世纪便是[人类]堕落和被放逐[1]之后的不幸时期，是若干世纪并无结局的缓刑期，那时候人类由于犯了错误而腐化堕落，在沉重压迫的羁轭之下盲目地彷徨着。但是人类终于已经从以往黑暗的荒野之中出现在，或者是正出现在18世纪的光明的、有秩序的世界之中，从18世纪这个高峰上，"哲学家们"瞭望着过去并预期着未来。他们回忆过去时代的悲惨和错误，就像是成年人回忆青年时期的艰苦和愚蠢，那可能是满怀着悲苦的记忆，然而毕竟是带着一种宽容的微笑，带着一种满意的叹息和一种欣慰的自信感：现在是比过去好得多了。可是未来又是什么样子呢？既然现在要比过去好得多，未来也将会比现在好得多吗？因此"哲学家们"展望着未来，就像是展望着一片美好的乐土[2]、一个新的千年福王国。[3]

---

[1]　《圣经》中说人类始祖因偷吃禁果而堕落，被逐出了伊甸园。——译者注

[2]　"美好的乐土"原文为"被允诺的土地"（"应许之地"），指《圣经》中所说上帝允诺给犹太人的沃土，即迦南。——译者注

[3]　"千年福王国"（Millennium），据基督教神话，世界末日之前，基督将作王一千年，泛指未来的美好世界。——译者注

第四章　对于后世的运用

La postérité pour le philosophe, c'est l'autre monde de l'homme religieux. （对于哲学家来说，后世就是宗教信仰者的另一个世界。）

——狄德罗

无论这个世界的开端是怎样的，它的终结将是光荣的和天堂式的，远远超出我们现在可能的想象。

——普利斯特雷

一

过去和未来是我们通常用一个我们所称之为"现在"的第三个时间区划分开来的两个时间区。但是严格地说，现在是并不存在的，或者说最多也不过是时间中无限之小的一个点，在我们还来不及注意到它是"现在"之前，它就已经消逝了。然而我们却必须有一个"现在"；于是我们就硬抓住过去而有了一个"现在"，抓住最近的一些事件，硬说它们属于我们当前的知觉。例如，假使我举起自己的手臂，这整个的事件有着一系列的事项，在最后一项发生之前，第一项就已成为过去；可是我觉得它是在时间的一瞬间所做出的一桩单一的动作。这种把连续的事项视为现在的一瞬间，"哲学家们"就称之为"似是而非的现在"。我不知道他们对于似是而非的现在到底确切地加以什么限定，可是我要对它自由地加以使用，并且为了方便起见，我要说我们可以把似是而非的现在随我们的意而尽量加以扩大。在通常的言谈中，我们就是在这样做的：我们谈到"现在这一小时""现在这一年""现在这一代"。或许所有的生物都有一种似是而非的现在，不过毫无疑问，人之异于其他动物的地方主要地就是他那似是而非的现在可以有意地和有目的地加以扩大、分化和丰富化。它可以这样加以扩大和丰富化的范围，显然要取决于有关过去的和有关遥远地方的知识（人为地扩大记忆）；所以受过教育的人只要愿意，就可以把一幅对人类的悠久过去的普通形象（尽管它在细节上可能是素描式的和不确切的）带到意识里来，并把它暂时就固定在这里，使之成为他那"现在"的一部分。

　　一个正常而清醒的人并不常常把人类全部的过去都塞入现在。但是我们每个人在任何有意的和有目的的活动时刻，都把某一部分过去带到现在的意识之中，那是在我们有所作为的小小世界里有可能对我们的取向是必须的那类实际的或捏造的对过去的记忆。我们要有取向，就必须准备迎着我们而来的事物，而要准备正迎着我们而来的事物，又必须不仅是回顾某些过去的事件，而且还要预期着（请注意，我并不是说"预告"）未来。因此之故，未来就不能被排除在这个（总是包括有或多或少的过去在内的）似是而非的现在之外；而且我们越是把过去纳入这个似是而非的现在，也就越是向其中塞进了一种假想的、图案化了的未来。如果我们对过去事件的记忆是短暂的和贫乏的，我们对未来事件的预期也将是短暂的和贫乏的；如果我们的记忆是丰富多彩的，我们对将要到来的事物的预期大概也多少会是同样的。但是要点就在于，其中一种模型的特点——并不亚于它那丰富性和范围之广阔——将有赖于另一种模型的特点。至于哪一种出现在先,哪一种是因,哪一种是果,究竟是我们的记忆听命于我们的意愿和希望而构造出来过去事件的模型,还是我们的意愿和希望产生于知识和经验所强加于我们的一种有关过去事件的模型呢?——我不想对此说什么。我倒是疑心,那是对过去的记忆和对未来事件的预期两者共同在起作用的,是在以一种友好的方式携手前进的,而并不争什么优先权和领导权。不管怎样,它们都是一起前进的,从而在一种现实的意义上,这种在意识之中的任何时间被当作似是而非的现在,便是由记忆、知觉和预期的种种线索在瞬间交织而成的一种思想模型。

假如这一点在其通常所起的作用上,对于个人的心灵来说是真确的;那么它对于我们出于学术讨论的目的而勇气十足地构造出来一个时代的普遍化了的"心灵"或者说舆论的气候,难道不也是真确的吗?不管怎么说,还是让我们采用这一假说吧。我们可以发现这是有用的,即设想有一种18世纪的"心灵",而且假设它也像个体的心灵一样,有着一种由它对过去的记忆、它对目前事态的知觉和它对未来事件的预期三者所构成的一种似是而非的现在。在上一讲里,我试图表明,这些"哲学家们"的著作中所反映出来的这种18世纪的心灵是怎样把过去回想成一个愚昧和不幸的时代,但人们已经从其中步入了一个显然是更为美好的现在。在这一讲里我要努力表明的是,这些记忆和目前的知觉是怎样地使得18世纪的心灵像是在追求一片乐土或一种乌托邦那样地在追求着未来。

我或许已经不止一次地说过了,这些"哲学家们"并不是坐在冷清清的象牙之塔里从事思辨的专业哲学家,而是以从基督教的哲学以及支持它的种种可耻的事物那里夺回人道宗教的圣地为己任的十字军。指导他们思想的动力是:人类已经被虚假的学说所腐蚀了、所出卖了。

他们主要的事业就是要砸烂这些虚假的学说；而为了这样做，他们当然就必须用与之相对立的学说、与之相反的思想来迎战基督教的学说。但并不是以彻底不同的思想，并不是以全然另一套不同的思想，因为对于思想正犹如对于人一样，真实的情况乃是除非他们都站在同一块大地之上，否则他们就不可能进行战斗；在不同的理解层次之上的思想彼此交锋，是不会发生冲突或互相伤害的，因为它们永远不会发生接触，永远不会冲撞。因此为了要击败基督教哲学，"哲学家们"就必须在某些共同的先入为主的成见的层次上来迎接它。他们绝不可能通过否定人生是一场有意义的戏剧——这个观念是太广泛地而又太无意识地为人们所持有了，因而甚至于也为"哲学家们"所持有——就击败敌人；但是在承认人生是一场有意义的戏剧时，"哲学家们"却可以声称这场戏剧的基督教文本乃是一份虚假有害的文本；而他们要清除基督教文本的最佳希望就在于重新改写它，使之现代化。总之，"哲学家们"的使命就是要对人类的过去、现在和未来的状态提出另一种解释。

在提出对人生这幕戏剧的新文本时，"哲学家们"就使用了很久以前基督教神学家们自己所曾使用过的战术。早期基督教的作家们之赢得了战斗的胜利——就他们确实是赢得了它而言——乃是由于他们采用了古希腊有关兴衰周期的主题以适应于古代世界的需要和经验（古代世界也正如 18 世纪一样地是需要加以纠正的）。基督教的神学家们以他们自己那种《圣经》故事的辞句重新解说了对黄金时代——或被某个受到灵感启发的莱库古或梭伦[1]所创造出来的那种局面——的古典观念。他们把黄金时代推回到事物的开端，推回到对人类及其世

---

[1]　莱库古(Lycurgus)，传说中公元前 11 世纪斯巴达的立法者；梭伦(Solon，约公元前 640—前 558)，雅典立法者。——译者注

界的创造,从而给黄金时代增添了光彩;他们把它历史地置于伊甸园之中,从而使之看起来更加真实和可靠;而且他们把受到灵感启发的立法者转化为一个唯一真正的、全知的和仁慈的上帝,从而赋给了它以完美性和权威性。然而不管在黄金时代或在伊甸园里事物是多么地公正,却从那种幸福的最初状态之中出现了堕落。古典作家们(也有少数例外)把人类的目前状态看作是由命运和人类的脆弱性所造成的一幕自然而然的退化,而他们所能展望的最好的事就莫过于有某种幸运的机缘,有受到灵感启发的立法者或哲人王再度出现,拨乱反正,而此后便又沦入另一场无可避免的衰落:既然"时间是人类的敌人",那么人类的历史在他们看来就无非是一场无穷无尽的循环系列,是类似现象的永恒重复。按照马可·奥勒留的说法,理性的灵魂

> 历遍了整个的宇宙以及围绕着它的虚空并跟踪着它那计划,向前伸展到无穷的时间,包括万事万物的循环不已;对它加以估定并且认辨出我们的子孙将会看不到有任何新鲜的事物,正如我们的祖先们也从不曾比我们看到过更多的任何东西。所以四十岁的人如果是有一点头脑的话,有鉴于这种相同性,就已经是以某种方式看到了所有曾经有过的和将要出现的事物了。[1]

人生的古典文本是足够戏剧性的了,然而它那戏剧性却在于这一含义,即人生是被无法逃避的无情命运所支配的;它是一场没有幸福的结局,或者说根本就没有任何结局的戏剧。这一点毫无疑问地乃是它致命的弱点。有理性的灵魂到了四十岁上就可以从遨游于无限的时间之中找到一种苍白无力的满足,即只不过是学到了"天下无新事"而且

---

[1] 《马可·奥勒留与他自己的冥通》,海因斯(C. R. Haines)译(1916),第XI章,第1节。

永远也不会有；但是流俗之辈既然发现短促的一生是艰辛的、无利可图的而又靠不住的，便要求能以欢乐来补偿不幸，或者至低限度也要能满怀希望地展望前途；普通人都要求这场戏能有一个幸福的结局。基督教的文本并没有使人们目前的生活更少一点不幸或者更不受命中注定，然而它却对人生提出了一种更易于领会的和远为惬意的解说。"人的堕落"当其可以归咎于对上帝的父权的第一次明确的背叛行为时，是更容易为人所理解的；于是目前的苦难和牺牲就变得可以忍受了，甚至于变成了高度的德行——当它们被认为可以证明是以天上的永恒福祉为代价所加之于人们的惩罚的时候。基督教文本就以另一个崭新的世界取代了永恒的"天下无新事"，以一个行将到来的黄金时代取代了已成往事的、过去了的黄金时代，从而结束了那个哀哀无告的、毫无希望的世界；它在召唤着未来以恢复目前的这个天平的平衡，并且要求个人只不过履行一般人都非常之理解的那些消极的德行——听天由命和服从的德行——作为进入乐土的条件。

　　基督教的故事对人们心灵所施加的这种非凡的威力，是很容易理解的。没有任何别的对人类生命的解说，曾经是更为确切地反映过经验或者是更有效地回应过一般人的希望了。察觉到目前的经验和不幸，满怀美好的回忆来回顾更幸福的（至少是想象如此）青春时代，满怀希望地瞻望着一个更静穆和更可靠的老年——还有什么别的能更恰当地总结大多数人的经验呢？假如不是把这种大家都熟悉的个人经验应用于人类的生活，基督教的故事又还能是什么别的呢？人类有他们那青春期，有他们那在伊甸园中更为幸福的生活可以回顾，有他们目前不幸的中年期要忍受，还有他们未来的安全生活可以期望。当出之以如此之为大家所熟知的词句时，一般人并不需要有什么神学来理解普遍的经验；认识到自己的生活不管可以是怎样地贫乏和有限，都无非就是上帝已规定好了给一切世代的人的那种经验中一个具体的事例而已——而这就安抚了他,这就毫无疑问给他个人生存的意义平添了某些东西。但是比这一切都更好的——一切之中最好的——则是,他可以知道到了某个时候是会做出一个了结的,是会对人类和各种事物的世界宣布一场审判的,是会有算账的一天的,那时候就会善有善报、恶有恶报:他可以全心全意地相信这一点——他的信念又被他所目睹的种种不公正、他所遭受的种种不仁的伤害所储存起来的记忆而格外加强了。一般人可以相信这一切;而且随着他相信它,他也就可以希望、他也就可以那么容易地使自己信服:到了那个最后的日子,他就会被人发现自己是属于被判定为好人们中间的,是属于那些被允许进入另外那个世界——在那里,事情永远都是公正的——的人们中间的。

　　表面上看来——作为历史学上可以证实的事件的一种叙述看来——这个故事毫无疑问是十足站不住脚的;单凭知识——对古典世界的知识、对早期基督教教会史的知识、对遥远的非基督教各原始氏族的知识——的增加,就可以大大否定它了。自15世纪乃至更早一些的时期以来,人文主义者就陶醉于新被发现了的过去,他们用古典文明的黄金时代取代了伊甸园,正有如基督教的神学家们在他们那时代曾以伊甸园取代了希腊人所想象的黄金时代一样。作为发动攻击的一种方法,这一切都很不错:人文主义者要到希腊人和罗马人那里去求学,要学习他们所知道的一切,有一个时候甚至要模仿他们,把他们当作不可逾越的典范——这是一桩好事,而且甚至于是必要的。这一切都是高明的办法,对基督教故事的起源、对多少世纪以来曾经被加深了并蒙蔽了其根本意义的那种单调而沉闷的学问,可以投射出一道新的光芒。但是基督教故事的顽强的力量却与它那些历史的偶然事件全然无关。基督教故事的重要性在于它的权威性的宣告(无论真实与否都无关紧要）：人生是有意义的，有着一种超越并包罗了个体的尘世经验的普遍意义。这就是它那持久力量的秘密之所在，它以希望的光芒驱散了悲观论，它把人们的心灵从周期论之下解放出来，而古典哲学却是把它封闭于其中，像是在监牢里一样，并且由于它把黄金时代从过去转移到了未来，便以一种对人类命运的乐观主义的看法取代了一种幻灭的看法。

因此，18世纪的"哲学家们"就可以重写人类最初状态的历史，并把伊甸园贬到神话的炼狱里去；他们可以在自然界这部大书里面发现一部新的启示录来取代圣书中的启示录；他们可以证明，历史上所记载的并为人类的普遍同意所支持的理性，乃是比教会和国家更加正确无误的权威——他们是可以很好地做到这一切的，但却发现他们的事业只是完成了一半。没有什么古典哲学（无论是多么理想化了的和人道化了的）"回归"或"复活"，没有什么早已死掉了的祖先崇拜或者是对希腊悲观主义的苍白无力的模仿，是可以充分满足这样一个社会的——这个社会曾经是如此悠久地、如此之谆谆地被教诲要期待着另一个行将到来的更美好的世界。没有一个新的天国来取代旧的，也没有一种得救与获得完美性的新方式，于是人道这种宗教就会枉然是诉之于芸芸众生了。

新的天国必须被定位于地上生活的范围之内的某个地方，因为这是一个哲学信条：人生的目的就是人生本身，就是人的完美的尘世生活以及未来的生活（由于尘世生活尚未完成的缘故）。但是假如天国必须被拆掉才能在大地之上重建起来，那么看来人类的得救就必须不是由某种外在的、奇迹般的翻天覆地的代理人（上帝或哲人王），而是要由人自身、要由世代相继的人们的努力所做出的进步性的改良才能实现；而在这场合作的事业中，后世就有其无可否认的用处：后世将会完成过去和现在所已经开始了的事情。沙德律就说："我们崇敬我们的祖先是少了一些，但我们爱我们同时代的人爱得更好，并且对我们的后代期待得更多。"[1]于是"哲学家们"就召请了后世来驱除基督教的天堂和古代的黄金时代这种双重的幻影。他们以对人道的爱取代了对上帝的爱，以人类通过自己的努力而达到完美的状态取代了人类的赎罪，以希望活在未来世代的记忆之中取代了希望在另一个世界里的不朽。

二

早在 18 世纪以前很久，有些享有盛名的作家们就朦胧地感觉到后世可能有一天要被召唤出来做出某些服务。塞涅卡说过，有一天我们的后代对于我们在对他们来说是如此之清楚不过的种种事情上居然茫然无知，是会感到惊异的。在中世纪的盛期，但丁的 *De Monarchia*（《论君主国》）中开宗明义的一句话，或许就蕴涵有比他所情愿认可的更多的东西，事实上就蕴涵有 18 世纪对这个题目所要说的全部东西：

> 曾被高贵的大自然打上了热爱真理的烙印的一切人，都应该使自己格外致身于为后世而辛劳，为的是使未来的世代可以由于他们的努力而丰富起来，正有如他们自己是经过历代的努力而变得富足起来一样。[2]

在四个多世纪已经过去了之后，这里面所孕育的思想才得以在世界上表现出它的作用。对于这场长期延滞的解释，或许不难找到。它很难打动但丁同时代的人，认为值得要特别去为后世操心费力——既然后

---

[1] Chastellux, *De la félicité publique*（《论公共福祉》）卷 II，第 71 页。

[2] 《但丁〈论君主国〉》，亨利（Aurelia Henry）编译及注释（1904），卷 I，第 1 章，第 3 页。

世的命运,正如他们自身的以及全人类的命运,已经是一度就永远被决定了的,并且会在最后审判的日子里马上就被宣告的。对于伊拉斯谟[1]和他同时代的人来说,其本身在本质上是如此之人道的这一观念可能有着某些特殊的光彩——除了是它在邀请他们思考未来,而他们却又是如此之全心全意地在关心着崇拜过去。人文主义者们太过于感激希腊人和罗马人曾把他们从迷信之中解放出来了,而不会情愿使古典文明居于劣势来和他们自己的文明进行比较,更不情愿以之和未知的未来世代的文明进行比较。他们遗漏了这一简单的事实(而且还有更多的人拒绝加以正视),即模仿希腊人的真正方式并不是去模仿他们,因为希腊人自己并不模仿任何人。然而显然的是,一个"哲学家"并未把握近代的进步观念,并未变得迷恋后世,直到他情愿放弃祖先崇拜为止,直到他剔除了他对过去的那种自卑情结并且认识到他自己的世代要优越于过去任何已知的世代为止。

　　影响这一重新取向的先驱者们当中就有培根,他在 *Novum Organum*(《新工具》)一书中有一段常常为人引用的名言,其中他反对把希腊人和罗马人称为古人;反之,他坚持他们是生活在世界的青春期,而近代人才是真正的古人,并且因为这个缘故,他们就应该懂得比希腊人和罗马人更多,既然他们已经受益于自从那个时代以来已经为人们所学到了的一切。[2] 我不知道帕斯卡尔有没有读过培根,但是他表达培根的观念肯定是比培根本人还要好。

　　　　人类通过各个时代的长河之整体相续,必须被看作就是一个
　　　人在继续不断地生活着和学习着;而这就表明了我们对古代哲学

---

〔1〕　伊拉斯谟(Erasmus,1469—1536),荷兰人文主义学者。——译者注
〔2〕　*Novum Organum*(《新工具》)卷Ⅰ,第48节。

家所表示的敬意是何等地毫无根据;因为老年距襁褓时期是最遥远的,所以对所有的人都必定十分显然的就是,在一般人中间要寻找老年就必须不是求之于最接近于他出生的时间而是距离他出生最遥远的时间。我们称之为古人的那些人,实际上乃是生活在世界的青春期的人,那是人类真正的襁褓期;而且因为在他们所知道的东西之上又加上了我们与他们之间的各个时代的经验,所以我们在别人身上所尊崇的那种古代就只能是在我们自身之中找到。[1]

当帕斯卡尔写下这些话的时候,古代人与现代人之争正风行一时。伯里[2]教授在他那部无与伦比的《进步的观念》一书中已经指出了那场有名的争论的开端。1620 年亚历山德罗·塔索尼[3]就谈到了当时已在流行的这场争论,并且宣称他本人大体上是站在现代派那一边的。1627 年英国神学家乔治·哈克维尔刊行了一部六百页的大书,题名为《上帝在尘世政府中的权力和天命的辩护书或宣言》,书中他否定了"通常在涉及大自然的永恒普遍的衰颓问题上的错误"。他坚持说,现代世界比起古代世界更美好,因而"世界致命衰颓的那类虚幻的阴影"就不应该"使我们不向后看去模仿我们高贵的先人,或是不向前看去为后世做准备;而是既然我们的先人们极其可敬地为我们做了准备,所以就让我们的后代也祝福我们为他们做了准备吧"。半个世纪之后,格兰维尔[4]这位同时身兼巫术学说和科学学说的辩护人(这种伟绩

---

[1] 《思想录》(1897)卷 II,第 271 节。

[2] 伯里(J. B. Bury,1861—1927),英国历史学家。——译者注

[3] 塔索尼(Allessandro Tassoni,1565—1635),意大利诗人。——译者注

[4] 格兰维尔(Glanvill,1636—1680),英国教士、哲学家。——译者注

在我们今天也不是见不到的)则主张,现代世界在积累有用的知识方面远远优越于古代,而目前各个世代的责任就是要"努力为行将到来的各个时代去搜集、观察和检验它们并把它们贮存好"。[1] 大约在同时,圣索兰·德玛莱[2]——他不喜欢希腊人(照伯里教授的说法,是因为他既是一个狂热的基督徒,又是一个蹩脚的诗人)——则坚持说古代世界并不如现代世界那么有学问,也不那么幸福或那么富裕和辉煌,而基督教则为诗人提供了比古典神话更好的题材,但这一事实他却很不幸地是以写出了《克洛维》[3]和《抹大拉的玛丽亚》[4]作为说明的——而这些著作由于某种原因却仍然远不如荷马和索福克勒斯的著作出名。

圣索兰庄重地把自己对现代人的辩护留给了一位青年人查理·裴罗特[5];而关于这些书的这场战斗[6]之后的历史是太为大家所熟知的,无须在这里复述了。我们可以在裴罗特的 *Parallèle des anciens et des modernes*(《古代人与近代人的对比》, 1688—1696)和丰特奈尔的 *Les anciens et les modernes*(《古代人与近代人》)(1688)两书中,至于英文方面有关的记载则可以在威廉·田波尔[7]爵士的《论古代学术与近代学术》、威廉·沃顿(William Wotton)的《对古代与近代学术的反

---

〔1〕　*Plus ultra*(《以及其他》,1688)。

〔2〕　圣索兰·德玛莱(Desmarets de Saint-Sorlin,1565—1635),法国诗人。——译者注

〔3〕　克洛维(Clovis,481—511 在位),法兰克国王,于511 年皈依基督教。——译者注

〔4〕　"抹大拉的玛丽亚"见《新约》福音书。——译者注

〔5〕　裴罗特(Charles Perrault,1628—1703),法国作家。——译者注

〔6〕　指当时古代派与近代派的大论战。——译者注

〔7〕　田波尔(William Temple,1628—1699),英国政治家。——译者注

思》和斯威夫特〔1〕的《书籍的战争》各书里面去追踪它。只要能注意到近代派最能干的斗士丰特奈尔是把他的辩护词奠定在笛卡儿派有关自然界的一致性这一学说的基础之上的,就够了。丰特奈尔说,古代人是不是优于近代人,只消问一问古代的树是不是大于近代的树,就可以解决。如果是的,那么就不可能再出现一个苏格拉底;如果不是的,那么就有可能再出现。自然界是并不尊重什么时代的;假若伟大性并未曾使自己呈现在某些时代的话——例如,假如在蛮族入侵之后的那些世纪代表着古典时代的退化的话〔2〕——那么那解释就并不在于自然界的无力,而在于局势的逆转。这类退化是无可避免的,但却是偶然的、暂时的,这类堕落是时间会加以纠正的。在这个问题上,时间是一个根本的要素,而时间则是站在天使那一边的,也就是说它是站在近代人那一边的。从历史上就可以读到有关这一点的证明:因为经过多少世纪的愚昧和迷信之后,近代世界已经恢复了古代的学术,从野蛮之中成长出了文明的、有秩序的国家,可以和古人相媲美,甚至超过了古人。就在这一点上,丰特奈尔通过在科学和艺术之间做出区别,又前进了一步。因为诗歌和艺术是有赖于感情和想象的,所以近代人就可以媲美古人但却很难希望超越古人。然而由于科学和学术有赖于知识和正确的推理,后世就不可避免地必定要超越古人,简单地就因为它们是建立在过去所积累的全部知识之上的。他说:"我们之有负于古人的,就在于他们已经穷尽了几乎是人们所可能形成的一切虚假的理论。"

丰特奈尔在设想着虚假理论的种种可能性都已经被穷尽了的时

---

〔1〕 斯威夫特(Jonathan Swift, 1667—1745),爱尔兰作家。——译者注

〔2〕 指中世纪初期日耳曼蛮族入侵罗马帝国之后所谓的"黑暗时代"。——译者注

候,无疑是过分乐观了。过分乐观是他那一代人的特色。而假如说丰特奈尔的理论被人接受了的话,那倒不是由于推理的正确,而更其是由于路易十四的时代喜欢把自己想得很不错。这位"大君主"是不肯轻易宽恕惹人反感的比较的。假如胡格诺派[1]教徒在国王的宗教[2]之外承认还有别的宗教就是有罪的话,那么文人们要认为雅典的文明高于凡尔赛[3]的文明,就至少也是一种狭隘地方主义的表现了。塔列朗[4]有一次声称,凡是不曾在 1789 年[5]以前生活过的人,都不会真正懂得生活可能是何等地快乐。这一说法若加以确切的规定,乃是十分真确的。在从路易十四过渡到大革命的那一个世纪里,对于身居高位的那些幸运之骄子来说,生活必定确实是非常之愉快的;而最愉快的就莫过于 1750 年以前那段安宁的岁月了,那时候还不曾有哪位国王发觉有必要对行将临头的洪水[6]发出警惕的告诫。认为自己是迄今为止无与伦比的,乃是那个自满时代的开心惬意之最本质的东西——对于它的自尊乃是最为本质的东西。

但是假如丰特奈尔的学说受到了他那一代人的欢迎,那对他们来说就足够了。丰特奈尔确实承认未来的世代将会超过现代人,因为显然的是,知识的积累和实际应用乃是"没有止境"的。然而他并不遵守这一提法;他对后世是尊敬的,但是他一点也无意崇拜后世。总体说

---

〔1〕 胡格诺派(Huguenots)为宗教改革后法国新教派的一支。——译者注

〔2〕 即天主教(旧教)。——译者注

〔3〕 凡尔赛是法国国王在巴黎郊外的行宫。——译者注

〔4〕 塔列朗(Talleyrand,1754—1838),法国外交部长、政治活动家。——译者注

〔5〕 即法国大革命爆发之年。——译者注

〔6〕 据说法国国王路易十五(1715—1774)临死前说:"我死之后,洪水将要泛滥。"——译者注

来,他那种情怀也就是他同时代人的情怀。他们十分满足于已经放弃了人类无可避免的堕落这一观念,并且已经表明了他们自己并不低人一等。至于未来,他们并不是太关心。那是一个让酣睡的狗躺着的时代,是继 17 世纪宗教与政治的冲突之后的安宁的时代,那时的人们都欢迎马勒伯朗士[1]的理论,即考虑到上帝把自己只限于用少数几条普遍的原则在工作这一事实,那么上帝就已经创造了一个尽自己之可能的美好的世界了;他们甚至于欢迎莱布尼兹的更为彻底的观念,即把宇宙作为一个整体,从长远看来,那么这个世界就是一切可能的世界之中的最美好的了。因此沃波尔[2]、摄政[3]和受人爱戴者[4]的时代的那种利己主义,就以这种自信而得到了满足,即不必叹息以往希腊的伟大的光荣,既然是已经享有自己充分牢固的、哪怕是有点散文式的光荣,也就可以高高兴兴地进行比较而不必丧失自尊了。

到了 18 世纪后期,这一心态便被另一种心态所取而代之;而心满意足也就让位给了心怀不满。乐观主义依然存在,甚至于更加强化了,但那不再是一种基于对现状感到满意的乐观主义。那是投向未来的一种乐观主义,是由这样的一种信念所维系着的,即凡是现在是错误的,不久就会得到纠正。事物不经历什么很大的困难就可以得到纠正的这一信心,就在科学的进步之中——那只不过是肯定了丰特奈尔的预告,即知识的积累和实际应用是没有止境的——而且尤其是在洛克的心理学里面找到了支柱,洛克的心理学又被孔狄亚克所加强了而且简单化

---

[1] 马勒伯朗士(Malebranche,1638—1715),法国哲学家。——译者注

[2] 沃波尔(R. Walpole,1676—1745),18 世纪上半叶 1715—1717,1721—1742 年曾两任英国首相。——译者注

[3] "摄政"指英国国王乔治一世(1714—1727)。——译者注

[4] "受人爱戴者"指英国国王乔治二世(1727—1760)。——译者注

了;它普遍被人当作是自明的而加以接受,即人是自己环境的产物,是自己所生活于其中的自然界的和体制的产物,这一点乃是自明的;并且人由于以符合不可变易的和决定性的自然律而重塑自己的环境,就可以迅速完成自己的物质的和精神的再生。正如他们在国民议会中所喜欢说的:制定一部合宜的宪法乃是一桩轻而易举的事,因为它已经铭刻在所有的人的心里面了;那"或许……只不过是一日之功——既然它已经是一个世纪的启蒙的结果"。[1] 在 17 世纪,哈克维尔曾提出过一种实用主义的论据作为否认"世界普遍衰颓"的一个理由,即这样的一种思想会"吓坏人们的希望并毁掉人们的努力"。到了 18 世纪晚期,我们可以证实这种思想是倒转过来了,即当人们希望甚多并且极为努力的时候,他们就渴望相信世界迅速的和普遍的改善。在法国大革命期间达到巅峰状态的那种要纠正一切事物状态的决心,便产生了并支持了这种信念,而且赋给了它以一种感情的乃至宗教的性质;那就是未来——很有可能是不久的将来——会比现在或过去更加无限美好。

在法国尤其是如此,在那里社会的不满是极其尖锐的,关于进步、关于可完美性的学说就成为新的人道宗教的信仰中最为根本的一条。丰特奈尔已经是在用知识的和正确推理的逐步增长来构想进步。他或者许多他同时代的人,都并没有要展望道德的或社会制度的根本复兴。毫无疑问,玩弄像是柏拉图、托马斯·莫尔或培根所描绘的乌托邦的思想[2],乃是一番引人入胜的消遣;但是要把它当作某种实际上将要实现的东西而投射到法国未来的历史上,则对于他便几乎像是不亚于伊

---

〔1〕 巴雷尔(Barère),*Archives parlementaires*(《议会档案》)卷 VIII,第 231 页。

〔2〕 指柏拉图《理想国》、莫尔《乌托邦》、培根的《新大西岛》。——译者注

甸园中的一场完美的春梦那样的一幕幻景了。然而这一点又恰好是在社会不满的压力之下所出现的东西:对完美境界的乌托邦式的梦想、那种对目前状态的局限性的挫折的必要补偿,曾经长期被人认同为伊甸园中的黄金时代或是上帝天城中的永生,这时却被一些高深莫测的人们转移到遥远的想象中的国度里面了(月球、大西岛或乌托邦,塔希提〔1〕、宾夕法尼亚或北京),终于就被投射到人们在大地上的生活中来,并被认同为人们所渴望的和希冀着的社会的重生。

这种古老的乌托邦梦想的转型,可以从"哲学家们"的著作中进行跟踪:不仅是在那些有关进步这个题材的众所周知的正式论文中——杜尔哥的论文、莱辛〔2〕的《人类的教育》、赫尔德的《人类历史哲学的观念》、孔多塞的《人类精神进步史表纲要》——而且同样地也在其他"哲学家们"的著作中,在并不直接涉及这个题目的那些著作中。"哲学家们"几乎没有例外地都非常关心着进步、完美性以及后代的命运;不消说,这种兴趣是和他们对历史的兴趣紧密相联的。人类过去、现在和未来的状态,对他们来说只不过是同一个关怀的各个不同的方面。"哲学家们"毕竟主要地是关怀着目前的事物状态,那种状态是他们希望加以改变的。他们需要有很好的理由来支持他们改变现状的愿望。他们希望能论证他们的不满,使他们的反感得以有效;他们通过对社会上似是而非的现状加以扩大化,通过把目前的状态投射到许多世纪中去——在那里,它可以被看作只不过是人类普遍经验中一幕过眼烟云的不幸阶段而已——从而达到这一目标。

---

〔1〕 塔希提(Tahiti)岛在太平洋,传说那里的居民过着天真纯朴的生活。——译者注
〔2〕 莱辛(Lessing,1729—1781),德国作家。——译者注

三

在这桩伟业中,后世就扮演了一个很重要的角色;后世取代了上帝而成为那些不属于这个世界有德的和启蒙了的人们的裁判者和辩护者。所有的人对自己的所思所想和所作所为,在某种程度上都需要有外界的赞许——他们所爱的人们的、亲友的和头脑正确的人们团体的赞许。在所有的时代,大多数人都由于遵守既定的习俗和承认通行的意见而博得了这种必要的赞许。但是总有一些怪僻的个人,偶尔也有些团体,他们发现当前的人与物的尘间世界是不可容忍的。于是他们便从尘世之中隐退,生活在精神的流放之中,或则是力图去改造它。无论是哪种情形,他们大概都会失去社群的赞许;而失去了社群的赞许,他们便去寻求社群之外与之上的某种力量的赞许,去寻求比目前的人与物的世界的权威更为普遍有效的某种权威的赞许:他们寻求上帝的赞许,或是自然律的赞许,或是不可避免的阶级冲突的赞许,或是在他们自身之外造就正义的力量的赞许。孤立的人就像是阿基米德[1]一样,若是发现没有一个支点安放他们的杠杆,他们就无法推动现有的这个有惰性的和有阻力的人与物的世界。18世纪的革命者们,无论是在思想上还是在行动上,都回应了这一需要。既然发现自己与这个尘世间人与物的世界不相调协,他们就力图使自己与无限的威力相协调;超乎种种过眼烟云的习俗和风尚,他们就提出了自然界和自然界中的上帝这一普遍的规律;从人们的当下判断出发,他们便诉之于人道这一普

---

[1] 阿基米德(Archimedes,约公元前287—前212),古希腊科学家,他曾说过:给我一个支点,我就可以[用杠杆]撑起全世界。——译者注

遍的判断。毫无疑问,人道是一种抽象;但是通过进步这条仁慈的规律,各个时代的智慧就可以被积累起来,被传递下去,以供后世之用。每个时代都会是此前所有时代的后代;而就人类两千年经验的角度来看,既然 18 世纪一反当年错误的见解,已经为苏格拉底和莱古鲁斯[1]恢复了名誉,所以尚未到来的时代也就会为伏尔泰和卢梭们、罗伯斯庇尔和罗兰[2]们恢复名誉。

我不知道热衷献身于精确地在注视着曾发生过什么事情的历史学家们,为什么竟然会如此之普遍地未能注意到有一桩大书特书地写在了最确凿的文献上的事实,那就是这一事实:有关后世的想法往往会从 18 世纪的"哲学家们"和革命领袖们那里引发一种高度情绪化的、一种本质上是宗教性的反响。后世,也像自然界一样,常常是被人格化了的,被尊敬地称为神明并且是以一种祈祷的声调在被人乞求的。这也是一项应该被记录下来的事实,跟历史学家们不惜精心钻研的另外许多事情是一样地新奇而有趣。关于这一现象,我随手举一个例子。罗伯斯庇尔在雅各宾俱乐部里谈到了对奥地利作战的问题,他以如下的号召结束他的讲话:

> 啊,后世,你这位人类最美妙、最温存的希望,你对我们不是一个陌生者;正是为了你,我们才冒着暴政的一切打击;正是你的幸福,才是我们艰苦奋斗的代价;每当受挫于我们周围的阻力时,我们就感到需要你的慰藉;正是向你,我们寄托着我们要完成的工作任务以及一切尚未出世的各个世代的人们的命运。……但愿为自由而献身的烈士们在你的记忆里能占有那些骗子们和贵族们的英

---

[1] 莱古鲁斯(Regulus),公元前 3 世纪罗马将军、执政官。——译者注

[2] 罗兰(J. Roland,1734—1793),他与其夫人都是法国大革命的活动家。——译者注

雄所窃取于我们的位置……但愿你的第一推动力就是要鄙视叛国者和憎恨暴君们；但愿你的口号是：保全、爱护、对不幸者的仁慈、对压迫者的永远战斗。后世的来者啊，赶快实现那个平等、正义和幸福的时辰吧！[1]

这番热烈的呼吁无疑使得我们好笑，但是罗伯斯庇尔的对手们是不是以嘲笑的心情在看待它呢？的确不是！他们并没有辱骂。鲁维[2]答复说：

> 罗伯斯庇尔……您的讲话是属于后世的，而后世将在您和我之间做出裁决，但您却要承担最重大的责任。您在坚持您的意见时，就对您同时代的人，甚至后世的人员负有义务。是的，后世将在您和我之间做出裁决。尽管我可以是微不足道的，后世却要说：国民议会里有一个人不为当时的一切激情所动，他是人民保民官之中最忠实的一员；我们必须尊崇和珍惜他的德行，赞美他的勇气。[3]

罗伯斯庇尔和鲁维两人完全觉察到将要有审判的一天，那时候德行将要得到认可而腐败则要受到惩罚；然而在他们的神学之中，后世却把上帝挤出了审判席，对于这一不朽宝冕要进行审判和认证并嘉奖的，乃是后世。

---

[1]　韦雷（C. Vellay），*Discours et rapports de Robespierre*（《罗伯斯庇尔论文及讲演集》，1908），第 155 页。参见 *Journal des débats de la société des amis de la constitution*（《宪法之友社讨论集刊》），1792 年 1 月，第 127 号，第 3 页。

[2]　鲁维（Louvet de Couvrai，1760—1797），法国作家，大革命中属吉伦特党。——译者注

[3]　*Journal de débats de la société des amis de la constitution*（《宪法之友社讨论集刊》），1792 年 1 月，第 134 号；讨论第 130 号，第 4 页。

人类恐怕很少能比在他们彼此之间投身于生死攸关的冲突时，更加热烈地爱护人道了；"后世"的威望确实是从来也不曾达到过像在［法国］大革命的生死关头的岁月里那样的高度。然而"哲学家们"，而且不仅是法国的"哲学家们"，早在 1789 年以前就已经很好地觉察到后世的用处了。例如普利斯特雷是个相当理智而健全的英国人，而在他论政府的文章里，他却撇开主题并告诉我们，对"人类这个物种走向完美之境的进步"进行思考是多么地令人鼓舞。在那样一种社会状态之中，

> 只需要有短短的几年就能领会任何一种艺术或科学此前的全部进步，而一个人一生的其余部分，他那最完美的能力就可以用来扩充它。假如一种艺术或科学以这种办法增长得太多而不容易理解……那么就可以采用一种方便的细分办法。这时所有的知识就可以再加划分和扩充，而且知识——正如培根爵士所说的——就是力量，所以人类的力量事实上就会大为扩充；自然界，包括它的物质和它的规律，就会更加听命于我们；人类将使自己在这个世界上的处境越发极大地轻松和舒适；他们或许会延长自己在世上的生命，而且他们每个人会变得每天都更加幸福，也更能够(我相信，也更愿意)把幸福传给别人。因此，不管这个世界开头是怎样的，那结局将是光荣的、天堂般的，远远超出我们目前可能想象[1]得到的。尽管有人可能认为这些看法太过分了，但我却认为我可以表明它们是很好地根据真正有关人性的理论而提出来的，而且是从人类事务的自然历程之中产生出来的。但我目前不

---

[1]　此处引文"想象"一词，原文遗漏一字母 N，由卡尔·贝克尔补上。——译者注

谈这个题目——尽管思考这个题目总是使我感到幸福。[1]

赫尔德并不会认为普利斯特雷的看法是夸大其词的。赫尔德论历史哲学的大作是博学、洞见和神秘的虔诚三者之奇妙的混合体,那简直无非就是对普利斯特雷的论文的一番发挥,是对如下文本的一份口述的发挥,即上帝就是在人道之中自我实现的,一切在为后世的幸福而工作的好人都在促进着这一神圣的目的,所以在此时此地就可以预期着上天的回报。赫尔德有一段常常为人所引用的话是说:

> 一想到自己是与所有那些聪明而善良的人们相交谈,他们曾经为人类工作过并且满怀着已经成就了的工作的甜美回报而进入了那个更高的领域——那真是一场对未来生活的美妙梦想。但是在某种意义上,历史已经向我们打开了与历代正直的和思想正确的人们之间互相谈论和联系的这座愉悦的花园了。这里是柏拉图站在我的面前,那里是我听到苏格拉底友好的提问并和他在一起分担他最后的命运。假如说马可·奥勒留是在与他自己的内心冥中交谈,那么他也是在与我交谈;而贫困潦倒的艾比克泰德[2]所发出的命令要比一个国王的命令更加强而有力。那个惶惑的屠利[3]、那个不幸的鲍依修斯[4]都在向我诉说,都在把他们的生活境况、把他们灵魂的受伤和慰藉通告了我。……人道的问题是

---

〔1〕《论政府的第一原理》和《论政治自由、公民自由与宗教自由的性质》(1771),第4—5页。

〔2〕艾比克泰德(Epictetus),公元1世纪的罗马哲学家。——译者注

〔3〕屠利(Tully)即西塞罗(Marcus Tullius Cicero,公元前106—前43),罗马政治家、演说家。——译者注

〔4〕鲍依修斯(Boethius,480—524),罗马哲学家。——译者注

多重性的,而无论在哪里,人类所追求的结果都是:"我们种族的本质、它的目的和它的命运,全都有赖于理性和正直。"除了这一点而外,历史便没有更崇高的用处;它仿佛是在引导我们参与命运的会议并教导我们遵从自然界的永恒规律。当它向我们表明一切非理性的缺点和后果时,它就教给了我们什么才是我们在那个伟大机体中的地位,理性和善良就是在其中与各种混乱的势力进行斗争的,然而又永远是按照它们的本性在创造着秩序并朝着胜利的途径前进的。[1]

在赫尔德这里,我们听到了一篇《哲学家的宣言》,它在号召一切国家和一切时代的有德的人们团结起来反对邪恶和非理性。他们无疑地将在天堂之中、但也将在后世所垂青的判断之中得到他们的回报。

在所有的"哲学家们"当中,或许没有一个是像狄德罗那样对于怎样运用后世曾付出过那么多的心思了——在狄德罗的头脑里一切当代的思潮都在交织着,却又各行其是。我们被告知,1765 年冬一个夜晚,狄德罗和法科纳[2]在塔兰尼(Taranne)街上一座火炉旁辩论着这个问题:对后世的关切究竟是不是鼓舞了人们去采取高贵的行动和创造伟大的作品。[3] 看来法科纳提出了这样的一个难题,一个属于获奖文章之类的难题,是 18 世纪的好奇而又好辩的头脑所非常之喜爱的难题。假如我们可以证明,在将来不远的某一个日子,有一颗流星将会撞击地球并全然毁灭地球,那么这一知识将会对人类的行为有着什么样的影响?法科纳认为,一点影响也没有。相反地,狄德罗回答说,有着

---

〔1〕 《全集》(1877—1913)卷 XIV,第 251—252 页。

〔2〕 法科纳(Falconet,1716—1791),法国雕塑家。——译者注

〔3〕 狄德罗《全集》卷 XVIII,第 79 页。

极其灾难性的影响；这样的知识将会消灭对善良的、伟大的行为的一切动机。"再也没有雄心壮志，再也没有纪念碑、诗人、历史学家，或许再也没有战士和战争了。人人就都去修整自己的花园和种自己的卷心菜了。"[1]两个人就这样辩论着在夜里分了手；但是问题并没有平息下来，他们马上又互相通信进行讨论。通信进行了好几年，单是狄德罗的信——其中有些是真正的小册子——就在他的全集之中满满占有两百多页。[2]那两百多页激情的写作主要是致力于证明：假如人们确实知道了世界会有末日，假如人们知道了不会有后世进行奖惩，人们就会一头栽进罪恶的道路上去了。

　　法科纳把这个问题看得十分轻松，对狄德罗的心情来说是太轻松了，而狄德罗本人看待它却是严肃得要命。这个问题困扰了他一生；他为它而烦恼，以至于我们发现他再三向它发动了狂风暴雨般的新攻击——在 *Le neveu de Rameau*（《拉摩的侄子》）一书里、在《生理学》一书里、在《论克劳狄乌斯与尼禄》[3]一书里。萦绕着狄德罗的是自古以来有关道德的基础与善良的生活（对上帝的信仰与死后的生活）这一无法解决的问题。狄德罗的智力被销蚀尽净了。然而假如没有上天的酬报，又还剩下什么呢？一个人为什么就应该否定自己呢？今生和来世既然都有补偿，为什么还要为真理而受苦受难呢？不管狄德罗的智力可能都说些什么，这个人的善良的心却在向自己保证说，德行才是

---

[1]　狄德罗《全集》卷 IX，第 435、436 页。

[2]　在这个问题上，狄德罗致法科纳的信，见狄德罗《全集》卷 XVIII，第 70—336 页。艾简纳·莫里斯·法科纳是当时一位著名的雕塑家，是王家绘画与雕塑学院教授。他写给狄德罗的信主要是通过狄德罗在复信中对他的引文而为人所知。请参看 *Gazette des beaux arts*（《美术杂志》）第二期，卷 II，第 120—135 页。

[3]　以上三书均为狄德罗的著作。——译者注

一切现实之中最为确凿不移的;而且既然它是一桩现实,所以实践它就必定会有补偿的。狄德罗所能找到的唯一补偿,就是永远生活在后世的记忆之中这一希望。他声称:"你难道没有看到我们所预期着的后世的评判……乃是人们在千万种不幸的境遇之中唯一的鼓励、唯一的安慰吗?"[1]"假如我们的先人不曾为我们做过任何事情,又假如我们为我们的后人没有做出任何事情,那么自然界要想使人们完美,便几乎是枉然的了。"[2]"所有那些哲学家,那些曾经沦为蠢人的、邪恶牧师的、乖戾暴君的受难者的正直的人们,在他们临死的时辰还剩下有什么安慰呢? 就唯有:偏见是会成为过去的,以及后世将把他们所遭受的耻辱转加给他们的敌人。"[3]值得注意的是:狄德罗在通篇的讨论里都在使用"对不朽性的情操"和"对后世的尊敬"这些字样。"对不朽性的情操和对后世的尊敬打动了我们的心,提高了我们的灵魂;它们是伟大事件的两颗幼芽,正有如任何其他的幼芽一样是实实在在的两项诺言。"这些想法、这些词句,本质上是宗教的,本质上是基督教的;狄德罗以对后世的尊敬代替了对上帝的崇拜,以生活在未来世代的记忆之中这一希望代替了在天国中的不朽这一希望。于是他就能够以一个恰恰是基督教牧师的声调在召唤他的神明。"啊,后世,圣洁而神明的后世。你在支持着受压迫的和不幸的人,你是正直的,你是不可摧毁的,你将为善良的人复仇并揭发伪善者,你是慰藉人心的可靠观念,请不要离弃我。"狄德罗设法把问题的实质简化为一句名言:"后世之对于哲

---

[1] 《全集》卷 XVIII,第 102 页。

[2] 同上书,第 179 页。

[3] 同上书,第 100 页。

学家,就是来世之对于宗教信徒。"[1]

狄德罗是会理解罗伯斯庇尔对于后世的召唤的,他是会理解鲁维那种诉之于后世的审判的。他是会理解吉伦特派和雅各宾派、那些罗马拉丁区的和希腊伯罗奔尼撒半岛的代表们的,他们大肆用罗马的德行在装扮自己,否则的话后世就不会认可他们、奖励他们了。他会理解孔多塞的。被人们认为值得瞩目的是,孔多塞在逃避被追捕的期间,却以自己身上所承担的全部高度的革命热望而充分保持着信念,并写出了他那部著名的关于人类精神进步的纲要。[2] 但是,不然! 他从不曾是如此之需要有对人类完美性的信仰的安慰,像是当死亡直面迎接着他的时候。这时候正是对后世的憧憬

> 解脱了它那些枷锁……迈着坚定的步伐在通向真理、德行和幸福的大道上前进,它为了仍然在污染着大地的种种错误、罪行和不公正而在安抚着哲学家,哲学家本人往往就是它们的受害者。正是在对这幅图像的观照之中……他就发现了对他的德行的真正奖赏。观照这幅图像就成了一个避难所,在那里面对他那些迫害者的回忆是无法再跟踪他的,在那里为他所想象的乃是与恢复了自己权利和自己真正天性的人们生活在一起的,于是他就可以忘掉那些被贪婪、恐惧、忌妒所腐蚀和折磨的人们。正是在这个避难所里,他才真正和他的同胞们一起生活在一个天堂里,那个天堂是他的理性创造出来的,并且是他对人道的热爱以最纯洁的欢愉而

---

〔1〕 《全集》卷 XVIII,第 101 页。
〔2〕 指孔多塞《人类精神进步史表纲要》一书。——译者注

精工制作出来的。[1]

而那位尤其著名的吉伦特派的罗兰夫人,我以为没有人曾经以更为毫不怀疑的信念宣扬过人道的宗教,更加孜孜不倦地实践过它,并且终于发现它那慰藉才是更为真实而持久的。在新桥(Pont Neuf)旁边做小生意的一个雕塑家的气闷的房间里,并不是适宜于一位与世界上的贤哲们亲切交往的青年妇女展现其才华的场所,而且她从没有"阅读过任何一幕英勇的和有德的事迹"而不感到自己是在类似的境况之下也能够仿效的。她一想到自己不曾生而为一个斯巴达人或罗马人,就常常流泪;她很知道假如她是苏格拉底的话,她是会饮鸩自尽[2]的;假如她是李古鲁斯的话,她也会再回到迦太基去的。[3] 既然在新桥不大会对她有任何这样的机会,她"就说服自己应该赶快致力于完善自己的人生"。然而这种完善的人生又能在哪里运作、发言和活动呢? 她又能在哪里和那些可以理解她的人们交流,在哪里做出英雄的业绩或做出牺牲而不至于得不到回报或得不到认可呢? 那并不是在巴黎的现实世界之中,而是在历史的世界之中,是在普鲁塔克和让-雅克·卢梭的世界之中,是在想象的世界之中:这里有着一个世界,别人在其中可以看见她,正有如她看见她自己。

在这个想象的世界里,那位真实的罗兰夫人,罗兰夫人所创造出来的那个完美的人,非常之意外地、简直像奇迹般地为自己提供了一个机

---

[1] *Esquisse d' un tableau historique des progrès de l' esprit humain*(《人类精神进步史表纲要》,1797),第 293—294 页。

[2] 苏格拉底被雅典当局判处死刑,饮鸩自尽。——译者注

[3] 李古鲁斯在与迦太基作战中被俘,迦太基遣返战俘媾和,但李古鲁斯劝说罗马拒绝媾和,自愿返回迦太基去重作俘虏。——译者注

会要在现实事务的世界之中扮演一个高贵的角色,那被证明仅仅有短短的几个月,然后就是被剥夺了公民权:这位可怜的夫人被关在监牢里等待着结局。这时她想起了曾经是许多殉道者的命运的那种慷慨就义;她回想起了苏格拉底之死、亚里斯泰底斯[1]的亡命、对福西安[2]的惩处;她恍然大悟,上天注定了要使她"成为与使这些人成为其受害者的那些罪行相类似的罪行的一个见证人,并且也要分享到同样的迫害那种光荣"。因此她就在监狱里坐下来写出了她的回忆录,因为"除了用一种幸福的虚构或有趣的回忆把自己的生活转移到另一个地方而外,一个人在监狱里还有什么更好的事可做呢?"确实,又还能做什么别的呢? 过分详细地加以观察,那么她在革命中那场短促的历险就是一场失败,而她的死亡也是没有意义的。但是转换到另外的地方,投射到历史之中,并且从若干世纪的透视背景上加以观察的话,那么她的一生和她的死亡在某种意义上就可以看作是一种更高势力的作品——是上帝的作品,或者是与她相关的命运的作品,或者是人们可以设想的、关心着人类命运的无论哪一种仁慈力量的作品。这样来观察,她的一生就在回忆之中展现在她的面前,就像一场为最后要在人类的自由这座祭坛上面牺牲而做的奇迹似的准备。然后,哪里又是那根可以被看作是预先注定的死亡之刺呢? ——它不仅只是具有个人的或局部的意义而已的一桩事件,而是未来的世代可能要载入人道的殉难史册那部伟大的书中的一桩事件。她深信不疑,后世是会这样看待它的。"罗

---

〔1〕 亚里斯泰底斯(Aristides,死于公元前468?),雅典政治家、将军,在被流放期间参与希波战争,为击败波斯人立了功。——译者注

〔2〕 福西安(Phocion,约公元前402—前317),雅典政治家、将军,被怀疑通敌,饮鸩而死。——译者注

兰在后世将永垂不朽，我也会的，我在未来的世代中间也将有一席之地。"她把她的回忆录题名为《对后世的一篇无私的呼吁》，而编订此书的波司克（Bosc）则告诉我们说："女公民[1]罗兰极力要在后世的崇敬之中找到因同时代人的不公正而可以安慰她自己的办法，并在未来的光荣之中找到对自己预料之中的死亡的补偿。"后世之对于罗兰夫人也有如其对于狄德罗，正好就是来世之对于宗教信徒那样：正像早期基督教的殉道者是受到永生不朽的希望所支持的那样，她可以英勇地登上断头台，面对无情的铡刀而毫不眨眼。[2]

四

近一个世纪以前，托克维尔[3]提出了这样一个事实：法国大革命乃是一场"政治革命，它是以一种宗教革命的方式并在某种意义上采取了一种宗教革命的面貌在进行的"。正像伊斯兰教或基督教新教的反叛一样，它溢出了国家和民族的边界，在使用着"说教和宣传"而传播开来。它

> 对于这个世界的功能恰好与宗教革命对于另一个世界的功能，在形态上是一样的；它以一种抽象的方式在考虑公民，脱离特定的社会，正如同各种宗教独立于时间和地点之外在考虑着普遍的人，其方式是一样的。它追求的不仅是法国公民的特殊权利，而且是所有的人的普遍的政治权利和责任。既然看来它关心着人类

---

〔1〕 法国大革命时期，人们相互称为"公民"和"女公民"。——译者注

〔2〕 有关此处对于罗兰夫人的阐述，可参看《美国历史评论》卷 XXXIII，第 784 页。

〔3〕 托克维尔（De Tocqueville, 1805—1859），法国政治学家。——译者注

的再生更有甚于关心着法国的改造,[从而]它就产生了一种迄今为止就连最激烈的政治革命都从未曾展示出来过的激情。它鼓舞了改宗并造成了宣传。因此它就能采取一种如此之震世骇俗的宗教革命的面貌,或者不如说它本身就变成了一种新宗教。确实它是一种不完备的宗教,一种没有上帝、没有崇拜形式也没有来生的宗教,然而它却像伊斯兰教那样,乃是一种以战士、使徒和殉道者来淹没整个大地的宗教。[1]

托克维尔同时代的人们是过分地关注于政治问题和传统的宗教学说的有效性了,而未能把握住他那内容丰富的观察的意义。要直到我们自己的时代,历史学家们才充分摆脱了宗教而理解到:[法国]大革命,尤其是它的最后阶段,采取了一种宗教十字军的特性。但是——要感谢马迪厄、奥拉尔[2]和许多次要的历史学家们的著作——现在大家都很知道:不仅是法国大革命力图以 18 世纪的人道宗教取代传统的信仰,而且和托克维尔的信念相反,这种新宗教也并不是没有上帝、崇拜的形式或来生的。恰好相反,新宗教是有它的教条的,即大革命的神圣原则——*Liberté et sainte égalité*(自由与神圣的平等)。它有它的崇拜形式,采用的是天主教的仪式,那是联系到公民的 *fêtes*(节日)而制定的。它有它的圣人,即为自由事业献身的英雄们和殉道者们。它是被一种感情的冲动,被一种对人道、对人类最后的新生的神秘信仰所维系着的。当路易[十六]仍然在位时,(懂得他们那位卢梭的)同时代的人就认识到

---

〔1〕　*L'ancien régime et la Révolution*(《旧制度与大革命》)第 1 卷,第 3 章。

〔2〕　马迪厄(Mathiez, 1874—1932)、奥拉尔(Aulard, 1849—1928)均为法国历史学家。——译者注

一种使得祖国和法制成为一切公民的崇拜对象的宗教，在一个智者的眼中就会是一种卓越的宗教。它的大主教就是国王，即最高统治者。为祖国而效死就会获得永恒的光荣、永恒的幸福。违犯自己国家法律的人就是大不敬，而首席行政官、国王兼大主教就理所当然地要以被他冒犯了的那个社会的名义，并以曾把我们大家都一视同仁地置之于大公无私的法律约束之下的那位神明的名义，而把他付之于公众的诅咒。[1]

公民的 fêtes（节日）始自（1790 年 7 月 14 日）首次庆祝攻占巴士底狱那场非基督化的运动以及 1793 年 11 月的"理性节"，它们都是试图以一种公民的或者可以说是世俗的人道宗教来取代基督教的那场努力的初始阶段。"十一月节"通常被称为"理性节"，它曾被人指出过，挑选一名女演员来代表那个冷峻的抽象观念是有点不幸的。事实上，节日想要予以荣耀的乃是"自由"而非"理性"，女演员代表"自由"，火炬则代表"理性"在照亮着自由。这一创意被晒尼埃[2]为这一场合所作的一首颂诗表达得十分完美，它在已经非基督教化了的巴黎圣母院教堂中被人们咏唱着：

啊自由，大自然的女儿，来临吧；
人民在恢复你那不朽的威力，
在古老骗局那庄严的废墟之上，
再一次升起了你的祭坛。

---

[1] 尼古拉·波纳维尔（Nicolas de Bonneville）：《论宗教的精神》（1791）第 1 编，第 39 节。

[2] 晒尼埃（M. -J. Chénier, 1704—1811），法国诗人。——译者注

> 来吧,列王的征服者、欧洲的典范;
>
> 来吧,来完成你对伪神祇的胜利!
>
> 神圣的自由,你进驻了这座教堂,
>
> 女神啊,你是属我们这个国家的。[1]

然而"十一月节"由于我们无须追究的原因,被人认为是无神论的,而无神论正如罗伯斯庇尔所说,乃是贵族制的。在［法国］大革命期间,这种新宗教所采取的最后形式被 1794 年 5 月的法令规定为"对至高无上者的崇拜":

> 法国人民承认至高无上者的存在以及灵魂不朽。他们承认,与至高无上者相称的那种崇拜乃是在实践人的义务——他们把憎恶坏信仰和暴政、惩罚暴君和卖国贼、帮助不幸者、尊重弱者、保护受压迫者、对别人做出一切可能的好事、不对任何人做出不公正,置之于这些义务的前列。将要规定某些节日,以便唤醒人们认识神明的存在和他那存在的尊严——这些节日将以我们［法国］大革命的光荣事迹、人类最受鼓舞的最为有用的德行以及自然界的伟大的赠礼来命名。法兰西共和国将每年都要庆祝 1789 年 7 月 14 日、1792 年 8 月 10 日、1793 年 1 月 21 日和 1793 年 5 月 31 日这些节日。[2] 他们将于每个月的第十日庆祝此处所列举的这些节日。[3]

---

〔1〕 奥拉尔,*Le culte de la raison*(《理性崇拜》),第 54 页;《晒尼埃全集》卷Ⅲ,第 357 页。

〔2〕 1789 年 7 月 14 日攻占巴士底狱,1792 年 8 月 10 日攻占图勒里宫(Tuileries),1793 年 1 月 21 日处决国王路易十六,1793 年 5 月 31 日颁布对至高无上者的崇拜。——译者注

〔3〕 奥拉尔,*Le culte de la raison*(《理性崇拜》)第 273 页。

在这三十六个十日节(*decadi*)里,必不可少的就包括纪念自由与平等、爱祖国、仇恨暴君、节俭、坚忍、农业和后世等的节日。

在大革命已经发泄了它的怒火之后,对这种人道新宗教的信仰便失去了它那神秘而热烈的性质。它仍然活着,在新世界和旧世界鼓舞着许多规模较小的革命,而在 1848 年那场有声有色的大动荡之前和之中,它甚至于还有过一次巨大的复兴。对于有些人,哪怕是在挫败之中,它也并未完全丧失它那光芒和崇高的许诺。马志尼[1]就是他们的先知。关于在默默无闻的人们中间坚持信仰而不曾受到损伤的,加布雷尔・莫诺[2]就为我们保留了一桩动人的例子。

　　大约四十年前,有一位善良的妇女在照管着我吃饭的那所寄宿舍,她向我说过她父亲的一段轶事,深深打动了我,她父亲是南特地方的一个普通工人。大革命爆发时,这个人还很年轻。他满腔热忱地接受了革命,参加了雅各宾派反旺代派[3]的斗争,并且非常遗憾地目睹了帝政政权摧毁了曾经是以那么高昂的代价而获得的民主制的自由;在 1814 年、1830 年和 1848 年的每一次革命中,他都相信他在 1793 年所梦寐以求的那个理想共和国就要再度诞生了。他死于第二帝国[4]时期,已经是九十多岁了;在临死的时刻,他以狂喜的神情仰望着上天,喃喃说道:"哦,1793 年的太阳,我终于没有再看到你的光辉就要死去了。"这个人就像是那些最早的基督徒一样,是生活在刚了千福王国

------

[1]　马志尼(Mazzini,1805—1872),意大利爱国运动的领袖。——译者注

[2]　莫诺(Gabriel Monod,1844—1912),法国历史学家。——译者注

[3]　旺代派(Vendéeans),大革命中法国西部的保皇党。——译者注

[4]　"第二帝国时期"即拿破仑三世称帝时期(1852—1870)。——译者注

的希望之中的。[1]

这一则轶事在讲述时无疑地并没有任何遗漏。然而它却足以用来象征这一事实,即 18 世纪的人道宗教一直伴随着并支持着继攻占巴士底狱而来的那一百年之中逐步完成的政治与社会的革命,不管在理论上有过什么让步,不管在实践上有过什么妥协。这些让步和妥协确实是很多而且声名狼藉。假如罗兰夫人能够预见到法兰西第三共和国[2]的话,她就会没有那么大的信心走上断头台了——第三共和国是对于理想的一份寒酸的代替品,是由于保皇党人的缺席而建立起来的,这个共和国没有一部严格说来的宪法,没有一篇有关不可侵犯的人权的宣言。我们知道马志尼是从来都不大相信加富尔[3]以外交上的纵横捭阖和战争手段并依靠[法国皇帝]拿破仑三世——此人在法国是用他的铁蹄在践踏法国的自由的——的援助而获得的那种意大利的自由的有效性的。至于在德国,Reichstag(国会)已经取得了言论权和决议权,但不是由于 1848 年法兰克福会议的言论和决议,而是由于俾斯麦[4]的"铁血政策"——此人对民主政治毫无信心,认为普选是一种"政治诡诈",是一种游戏的必要手法。德意志帝国、法兰西第三共和国、意大利王国、奥匈"妥协"、抛出"家庭选举"作为对某些限定等级的客户们的贿赂——这一切以及其他类似的失去了光泽的仿制品,就是经历了一个世纪的启蒙运动的后代们所勉强付给怀着民主信念的热情洋溢的宣传

----

[1] 马迪厄,*Contributions à l'histoire religieuse de la Révolution française*(《法国大革命宗教史文集》),莫诺序,第 i 页。

[2] "法兰西第三共和国"为 1870—1940 年。——译者注

[3] 加富尔(Cavour,1810—1861),意大利政治活动家。——译者注

[4] 俾斯麦(Bismarck,1816—1898),德国宰相。——译者注

家们和烈士们的"报酬"了。法国大革命作为一桩既成事实,背叛了它的先知们——那些卢梭们和孔多塞们、罗伯斯庇尔们和罗兰们、马志尼们和考苏斯[1]们——的希望。毫无疑问,它那些先知们的幻念都是设想,人们的邪恶倾向是会随着它们之得以发挥其作用的那些传统形态而一起归于消灭的。无论如何,在 19 世纪的末叶之前,显然不过的事实是:扫除旧的压迫和不公正,无非是在为新的压迫和不公正让位而已;而当人们认识到民主政府作为一种现实——正如它在那个肮脏的钢铁时代实际上所运作的那样——终究也只不过是另一种人们漠不关心的被统治的方式而已,*liberté*、*égalité*、*fraternité*(自由、平等、博爱)这些一度是辉煌夺目的名词已丧失了它们对于心满意足的人们的预言力量;而 18 世纪的人道宗教在遭遇到一切成功的宗教的命运之时,便堕落到了大多数人的一种因袭敷衍的信条的水平。

　　同时,心怀不满的人们就摒弃了资本主义民主的信仰,转而追随另一种新信仰的提倡者。"全世界的无产者[2],联合起来!"在《共产党宣言》中,卡尔·马克思和弗里德里希·恩格斯发出了一种新信仰的战斗呼声。共产主义的信仰是建立在由科学所揭示的自然规律的基础之上的。自 18 世纪以来,科学已经取得了长足的进步。在 18 世纪,自然界被看作是一架调节得很精巧的机器,是一台恒定的发动机,它那机制就包含着一个有目的的机械师的存在,他是仁慈的最初因或者说是"宇宙创造者"。到了黑格尔那里,这位仁慈的"宇宙创造者"就融解成为一种透明的"先验观念",而到了达尔文那里,"先验观念"就变得无影无踪了。自此之后,上帝——以及对这一概念的一切代替品——就

---

〔1〕　考苏斯(Kossuth,1802—1894),匈牙利爱国运动的领袖。——译者注
〔2〕　此处作者的英文原文为"一切国家的工人们"。——译者注

可以被人忽略了，因为自然界并不被人想象成一架完备的机器，而只是一个未完成的历程，确实是一个机械的历程，但却是一个自行产生其力量的历程。配备了黑格尔的辩证法和达尔文的演化理论，马克思在《资本论》里总结出共产主义的信仰，为不满者们取代了 18 世纪的资本主义民主信仰。新信仰也像旧信仰一样，既在回顾过去又在展望未来；也像旧信仰一样，它在过去中看到一种持久不息的冲突，又在未来中看到一种千年至福的状态。但是比起旧信仰来，新信仰更少有拟人化的、个人的成分。它并不留恋过去的黄金时代或伊甸园。它并不在意在人类的历史上好人被坏心肠的人有意地、罪恶地出卖。它并不展望着人道由于有了启蒙和善意那副惬意的特效药就可以复兴。它在过去之中看到各种物质力量之残酷无情的、非个人性的冲突；这种冲突是通过人们经济上的阶级利益在起作用的，那正如中世纪创造了地主贵族制度，然后 19 世纪资产阶级–资本主义制度又摧毁了它，也将轮到无产阶级的利益要摧毁资产阶级–资本主义制度。被认为是资本主义制度的崩溃的社会革命正在到来，并不是通过启蒙和善意的说教，而是通过各种经济力量之不可避免的运作。知识的功能就是要理解这些力量，而普通人的责任就是要从知识的角度来调整自身以适应这一无可避免的历程。要实现这场社会革命，要到达人民群众满怀信心和希望在展望着的一片乐土，靠的不是人的微弱意志，而是在轨道上的群星。

而目前，在我们今天[1]，与共产主义信仰相伴随并由它所支持的社会革命，刚刚在俄罗斯登上舞台。在俄国革命与法国大革命之间，无疑地有着许多的不同之点；无论我们怎样想，朴素的事实却是：这场俄

---

[1]　本书写于 1931 年。——译者注

国革命,正如推翻了"旧制度"的有产阶级的法国大革命一样,乃是代表被剥削的阶级在进行的。它那目标无非就是要建立自由与平等——当然,这一次是"真正的自由与平等"——来取代暴政与剥削。为了达成这个目的,它便采用了一种坚定信仰者的专政,作为一种暂时的而又必要的措施,类似1793年所曾运作过的那样。而主导着"人民委员会"的布尔什维克们,把自己看作是一个历程的注定的工具——这个历程,就长远而言,通过团结起一切被压迫者反抗一切压迫者,将不可避免地冲垮各个国家之间的人为的分裂。1792年伊纳尔[1]大声疾呼道:"假如内阁联合国王反对人民,我们就联合人民反对国王。"同样地,布尔什维克的领袖们也追随着卡尔·马克思在号召"全世界无产者"团结起来反对一切资产阶级-资本主义的政府。俄国人在这一点上是极其有似于法国大革命的,即它的领袖们接受了永恒的规律这一版本,认为"革命"不单单是政治社会变革的一种工具,而且更是一种人生哲学的实现;这种人生哲学是普遍有效的,因为它是与科学一致的,而历史必将获胜。由于这一原因,俄国革命也像法国大革命一样,有着它的信仰、它的仪式、它的战士。它的信仰就是由列宁所阐释的马克思的理论。它所庆祝的节日,乃是革命的伟大日子。它的战士则是具有共产主义信仰的英雄们和烈士们。

还有另一个相似之点是:在他们敌人的头脑里,或者不如说在他们敌人的胸膛里,激起了以往法国大革命在反革命分子胸膛里所激起的同样那种不理智的、感情上的厌恶。这种感情上的厌恶夹杂了恐惧和愤怒,在当时正如它在现在,是被某些词汇的声音就自动激发起来的。

---

[1] 伊纳尔(Isnard,1755—1825),法国大革命时期立宪会议中的吉伦特派成员,后依附拿破仑帝政与波旁王朝的复辟。——译者注

对于 1815 年的卡斯尔雷们和梅特涅们[1]来说，"革命""雅各宾主义"
"共和主义"这些字样本身就充满了一种普遍的、无限的罪恶感，落实
到某些具体的事件之中，"革命"就意味着 1789 年的"法国大革命"，而
正是由于这一原因，它也就是普遍的革命、普遍的否定、*der Geist der
stets Verneint*（不断否定的精神）的象征；"革命"直截了当地就意味着政
治上的无政府主义和宗教上的无神论。"革命"就是"雅各宾主义"，而
"雅各宾主义"就是"共和主义"；用不着怀疑，这些字样所表达的那些
为人所憧憬的观念、那些 25 年[2]来已经证明是徒劳之举的观念，乃是
对现有的秩序、对和平与繁荣、对人类福祉的一种威胁。对于我们今天
的卡斯尔雷们和梅特涅们来说，"布尔什维主义"这个字样就是一切骇
人听闻的反社会行为的象征，正如同"雅各宾主义"这个字样之于 1815
年的卡斯尔雷们和梅特涅们一样；而"苏维埃"和"共产主义"这些字样
对于资本主义民主制的受益者们来说，则有着从前"共和主义"对于国
王与贵族时代的受益者们的同样不祥的含义。

　　1815 年的卡斯尔雷们和梅特涅们要是知道在 19 世纪结束之前，
雅各宾派信仰的无政府主义和无神论的学说竟会推翻整个西方世界的
原有秩序，是会感到沮丧的。我们时代的卡斯尔雷们和梅特涅们以至
于像我们自己这样的小人物们，不妨想一想以后的一百年将会出现什
么情形。新信仰（随便你怎么看它）——不管是多么慢慢地用什么样
的让步和妥协、以什么样降低狂热和残酷的办法来反对不管是什么样

---

[1]　1815 年召开维也纳会议解决法国大革命的善后问题，出席的主要人物有英国外相
　　卡斯尔雷（Castlereagh, 1769—1822）和奥国首相梅特涅（Metternich, 1773—
　　1859）。——译者注

[2]　自法国大革命爆发（1789）至拿破仑覆灭（1815），为时 25 年。——译者注

的阻力——将会开辟自己的道路而轮到自己也将成为大家一致接受的、约定俗成的信仰吗？一百年是一个长时期了，而且即使是在现在，在"资本主义"的这座坚强堡垒[1]之内，我们就听到有大量关于竞争体制的"崩溃"的谈论，有许多(尽管是怯生生的和试探性的)建议都包含规范的必要性在内。近来又不大显眼地冒出了一个新字样："计划"。在这方面，还没有什么很激进的东西被提出来，也还没有多少事情被做出来。有一位高级官员曾建议所有第三行的棉花都要被锄掉，而在[美国]有些州，州长们已经召唤军方来规定原油产量了。在建设性的计划方面，这种情形还不多。但是那么多的谈论，以及那些身居高位的人哪怕是任何最微小的动作，至少都表现了某种警觉性，即在我们这个高度驱动着的技术社会里，所需要的乃是更少的自由和更多的控制，是一种更自觉地加以规范和更少自由竞争的经济。

　　一百年是一个长时期，并且有可能在一百年之内整个西方世界会认可：一种有规划的经济(随便你叫它是共产主义还是集体的计划)乃是社会秩序、和平与繁荣、人类的福祉之不可或缺的基础。假如任何机缘使得它成了时运为我们所储存的东西的话，那如下的设想就可能成为现实："后世"将在公元 2032 年[2]庆祝 1917 年 11 月的事件[3]，将其视作人类自由的历史上的一个幸福的转折点，正如我们庆祝 1789 年 7 月的事件[4]那样。那么我们要怎样思考所有这些"伟人的日了"、这些有关"乌托邦"的宣告呢？我们是不是要设想 20 世纪的俄国革命就

---

[1]　指美国。——译者注

[2]　按本书出版于 1932 年。——译者注

[3]　指俄国的十月革命。——译者注

[4]　指法国大革命爆发。——译者注

像 18 世纪的法国大革命一样，只不过是人类朝向完美之境前进的另一个阶段而已呢？还是我们应该和马可·奥勒留一道在想："一个四十岁的人，如果有点脑筋的话，有鉴于这种相同性，就已经看到了曾经有过的一切和将要出现的一切。"

卡尔·贝克尔著作目录

1. 手稿,现藏于 THE REGIONGAL HISTORY ARCHIVES,CORNELL U-
NIVERSITY,ITHACA,NEW YORK

    The Carl Lotus Becker Papers.

    The George Lincoln Burr Papers.

    The Charles Hull Papers.

2. 著作、文章及书评

America's War Aims and Peace Program (Washington: Committee on Public
Information, War Information Series, November, 1918).

The American Frontier, Review of Frederick Jackson Turner, *The Frontier
in American History*, *The Nation*, CXI: 538 (November 10,1920).

Assessing the Blame for the World War, *Current History*, XX: 455-457
(June, 1924)

The Beginnings of the American People (New York, 1915).

Benét's Sympathetic Understanding, *Mark Twain Quarterly* VII: 13 (1943-
44).

Benjamin Franklin (Ithaca,New York, 1946).

Benjamin Franklin, *Dictionary of American Biography*, VI (New York,

1931).

Benjamin Franklin, *Encyclopedia of the Social Sciences*, VI (New York, 1931).

Books That Changed Our Minds, *New Republic*, XCVII: 135 (December 7,1938).

Cavour and the Map of Italy, Review of William Roscoe Thayer, *The Life and Times of Cavour*, *The Dial*, LI: 389-392 (November 16, 1911).

A Chronicle of Facts, Review of John Spencer Bassett, *Our War With Germany*, *New Republic*, XXV: 382-383 (February 23, 1921).

Cornell University: Founders and the Founding (Ithaca, New York, 1943).

The Declaration of Independence, A Study in the History of Political Ideas (New York, 1956 edition).

Detachment and the Writing of History, *Atlantic Monthly*, CVI: 524-536 (October, 1910).

Detachment and the Writing of History: Essays and Letters of Carl L. Becker, ed., Phil L. Snyder (Ithaca, New York, 1958).

Europe Through the Eyes of the Middle East, *New Europe*, XV: 98-104 (May 13,1920).

The Eve of the Revolution (New Haven, Connecticut,1918).

Everyman His Own Historian: Essays on History and Politics (New York, 1935).

Freedom and Responsibility in the American Way of Life (New York, 1955 edition).

German Attempts to Divide Belgium (Baston: World Peace Foundation, Vol, I, No. 6, August, 1918).

German Historians and the Great War, Review of Antoine Guilland, *Modern Germany and Her Historians*, and Heinrich von Treitschke, *History of Germany in the Nineteenth Century*, The Dial, LX: 160-164 (February 17, 1916).

Government of Dependent Territory, *Annals of the American Academy of Political and Social Sciences*, XVI: 404-420 (November, 1900).

Growth of Revolutionary Parties and Methods in New York Province, 1765-1774, *American Historical Review*, VII: 56-76 (October, 1901).

The Heavenly City of the Eighteenth Century Philosophers (New Haven, Connecticut, 1932).

Henry Adams, *Encyclopedia of the Social Sciences*, I (New York, 1930).

The History of Political Parties in the Province of New York: 1760-1776 (Madison. Wisconsin, 1909).

Horace Walpole's Memoris of the Reign of George III, *American Historical Review*, XVI: 255-272, 496-507 (January, April, 1911).

How to Keep Out of War, *The Notion*, CXLVI: 378 (April 2, 1938).

How New Will the Better World Be? (New York, 1944).

How New Will the Better World Be?, *Yale Review*, XXXII: 417-439 (March, 1943).

In Support of the Constitution, *The Nation*. CXL: 13-14 (January 2, 1935).

An Interview with the Muse of History, Review of G. M. Trevelyan, *Clio, a Muse and Other Essays*, The Dial, LVI: 336-338 (April 16, 1914).

Journey to the Left, Review of George Soule, *The Future of Liberty*, Saturday Review of Literature, XV: 6 (November 28, 1936).

La Belle France, Review of William Stems Davis, *A History of France*, *New Republic*, XXIII: 207-208 (July 14, 1920).

The League of Nations, Review of twenty books about the League, *The Nation*, CIX: 225-228 (August 16. 1919).

Letter from Danton to Marie Antoinette, *American Historieal Review*, XXVII: 24-46 (October, 1921).

A letter to the editor of *The Nation*, CXXXVII: 510-511 (November 1, 1933).

A Little More Grape, Captain Bragg, *The Nation*, CX: 260-261 (February 28, 1920).

Making Democracy Safe in the World, *Yale Review*, XXXI: 433-453 (1942).

Modern Democracy (New Haven, Connecticut, 1941).

Modern England, Review of T. M. Healy, *Stolen Waters*; *Sir Frederick Maurice*, F. Maurice, ed., Gilbert Slater, *The Making of Modern England*; Ernest Taylor, *The Taylor Papers*; Ernest Alfred Vizetelly, *Republican France 1870-1912*, *The Nation*, XCVI: 641-643 (April 24, 1913).

Modern History, the Rise of a Democratic, Scientific, and Industrialized Civilization (New York, 1931).

The Monroe Doctrine and the War, *Minnesota Historical Society Bulletin*, II: 61-18 (May, 1917).

Napoleon-After One Hundred Years, *The Nation*, CXII: 646 (May 4, 1921).

New Liberties for Old (New Haven, Connecticut, 1941).

Nominations in Colonial New York, *American Historical Review*, VI: 260-275 (January 1901).

Obituary for Othon Guerlac, *Necrology of the Cornell Faculty*, 1934.

Obituary for Preserved Smith, *American Historical Review*, XLVI: 1016-1017 (July, 1941).

On Being a Professor, *Unpopular Review*, VII: 342-36I (April, 1917).

Progress, *Eneylopedia of the Social Sciences*, XII (New York, 1934).

Progress and Power (Palo Alto, California, 1936).

A Reply to Oswald Garrison Villard, Sir Edward Grey. *The Nation*, CXXXVII: 318-317 (September 20, 1933).

Report on the Twenty-sixth Annual Meeting of the American Historical Association at Indianapolis, *The Nation*, XCII: 57-58 (January 19, 19II).

Review of Charles Francis Adams, *An Autobiography*, *Political Science Quarterly*, XXXI: 611-612 (December, 1916).

Review of Henry Adams, *The Degradation of the Democratic Dogma*, *American Historical Review*, XXV: 480-482 (April, 1920).

Review of Ray Stannard Baker, *Woodrow Wilson and World Settlement*, *The Nation*, CXVI: 186-188 (February 14, 1923).

Review of James Curtis Ballagh, ed., *The Letters of Richard Henry Lee*, *The Nation*, XCIX: 691 (December 10, 1914).

Review of Harry Elmer Barnes, *The New History and the Social Studies*, *Saturday Review of Literature*, II: 38 (August 15, 1925).

Review of Charles Beard, *Cross Currents in Europe Today*, *The Nation*, CXV: 552-553 (November 22, 1922).

Review of Charles and Mary Beard, *The Rise of American Civilization*, *The Nation*, CXX: 559-560 (May 18, 1927).

Review of J. B. Black, *The Art of History: A Study of Four Great Historians of the Eighteenth Century*, *American Historical Review*, XXXII: 295-296 (Jauuary, 1927).

Review of James H. Blount, *The American Occupation of the Philippines*, *1898-1912*, *The Nation*, XCV: 309-310 (October 3, 1912).

Review of J. B. Bury, *The Idea of Progress*, *American Historical Review*, XXXVIII: 304-306 (January, 1933).

Review of Herbert Butterfield, *The Whig Interpretation of History*, *Journal of Modern History*, IV: 278-279 (June, 1932).

Review of Houston Stewart Chamberlain, *The Foundations of the Nineteenth Century*, *The Dial*, L: 387-391 (May 16, 1911).

Review of Edward Channing, *A History of the United States*, *I*, *The Nation*, XXCI: 40 (July 13, 1905).

Review of Edward Channing, *A History of the United States*, *II*, *The Nation*, XXCVII: 440-441 (November 5, 1908).

Review of Edward Channing, *A History of the United States*, *III*, *The Nation*, XCV: 482-483 (November 21, 1912).

Review of Cleveland B. Chase, *The Young Voltaire*, *American Historical Review*, XXXII: 608-610 (April, 1927).

Review of Gilbert Chinard, *Jefferson et les Idéologues*, *American Historical Review*, XXXI: 585-586 (April, 1926).

Review of Madelaine Clemenceau-Jacquemaire, *Vie de Madame Roland*, *American Historical Review*, XXXV: 854 (July, 1930).

Review of Benedetto Croce, *History: Its Theory and Practise*, *New Republic*, XXX: 174-176 (April 5, 1922).

Review of William E. Dodd, *The Life of Nathaniel Macon*, *The Nation*, LXXVIII: 878 (May 12, 1904).

Review of H. E. Egerton, *The Causes and Character of the American Revolution*, *American Historical Review*, XXIX: 344-345 (January, 1924).

Review of Edward Eyre, ed., *European Civilization: Its Origin and Development*, *American Historical Review*, XLIV: 346-348 (January, 1939).

Review of Bernard Fay, *L'Esprit Revolutionnaire*, *American Historical Review*, XXX: 810-812 (July, 1925).

Review of José Ortega y Gasser, *Toward a Philosophy of History*, *Yale Review*, XXX: 815-817 (June, 1941).

Review of G. P. Gooch, *History and Historians of the Nineteenth Century*, *The Nation*, XCVII: 208-210 (September 4, 1913).

Review of J. F. C. Heamshaw, ed., *The Social and Political Ideas of Some Great French Thinkers of the Age of Reason*, *Journal of Modern History*, III: 116-118 (March, 1931).

Review of Lucius Henry Holt and Alexander Wheeler Chilton, *A Brief History of Europe*, *New Republic*, XXII: 322 (May 5, 1920).

Review of Ellsworth Huntington, *The Character of Races*, *American Historical Review*, XXX: 571 (April, 1925).

Review of Howard Mumford Jones, *America and French Culture, 1750-1848*, *American Historical Review*, XXXIII: 863-885 (July, 1928).

Review of L. Cecil Jones, *The Interpretation of History*, *The Dial*, LIX: 146-148 (September 2, 1915).

Review of Henry Cabot Lodge, *The Story of the Revolution*, *The Nation*, LXXVII: 366-367 (November 9, 1903).

Review of Malice Mandelbaum, *The Problem of Historical Knowledge*, *Philosophical Review*, XLIX: 361-364 (April, 1940).

Review of Fulmer Mood, *Development of Frederick Jackson Turner as a Historical Thinker*, *American Historical Review*, XLIV: 263-265 (January, 1944).

Review of Ernest C. Mossner, *Bishop Butler and the Age of Reason*, *American Historical Review*, XLIII: 116-118 (October, 1938).

Review of Charles Oman, *On the Writing of History*, *American Historical Review*, XLV: 591-593 (April, 1940).

Review of Coleman Phillipson, *Alsaee-Lorraine: Past, Present, and Future*, *The Nation*, CVIII: 328-329 (March 1, 1919).

Review of James Harvey Robinson, *The Human Comedy*, *The Nation*, CXLIV: 48-50 (January 9, 1937).

Review of James Harvey Robinson, *The Mind in the Making*, *New Republic*, XXX: 174-176 (April 5,1922).

Review of James Harvey Robinson, *The New History*, *The Dial*, LIII: 19-21 (July 1, 1912).

Review of Gaetano Salvemini, *Historian and Scientist: an Essay on the Nature of History and the Social Sciences*, *American Historical Review*, XLV: 591-593 (April, 1940).

Review of Willian L.Shirer, *Berlin Diary, 1934-1941*, *Yale Review*, XXXI: 173-176 (September, 1941).

Review of Henry Osborn Taylor, *A Historian's Creed*, *American Historical*

Review, XLV: 591-593 (April, 1940).

Review of Frederick J. Teggart, *The Processes of History*, *American Historical Review*, XXIV: 266-268 (January, 1919).

Review of H. G. Wells, *The Outline of History*, *American Historical Review*, XXXII: 350-351 (January, 1927).

Review of A. N. Whitehead, *Adventures in Ideas*, *American Historical Review*, XXXIX: 87-89 (October, 1933).

Review of Norwood Young, *The Life of Frederick the Great*, *New Republic*, XX: 329-331 (November 12, 1919).

Samuel Adams, *Encyclopedia of the Social Sciences*, I (New York, 1930).

Samuel Adams, *Dictionary of American Biography*, I (New York, 1928).

Some Aspects of the Influence of Social Problems and Ideas upon the Study and Writing of History, American Sociological Society, *Publications*, VII: 73-107 (June, 1913).

Carl Becker and Frederick Duncalf, *Story of Civilization* (New York, 1940).

Tender and Tough Minded Historians, Review of H. H. Powers, *America Among the Powers*, *The Dial*, LXV: 106-109 (August 15, 1918).

Thomas Hutchinson, *Dictionary of American Biography*, IX (New York, 1932).

Tribute to Frank Egbert Bryant, *Frank Egbert Bryant 1877-1910* (Lawrence, Kansas, March, 1911).

The Unit Rule in National Nominating Conventions, *American Historical Review*, V: 64-82 (October, 1899).

The United States: An Experiment in Democracy (New York, 1920).

A Usable Past, Review of William E. Barton, *The Life of Abraham Lincoln*, *New Republic*, XLIV: 207-208 (October 14, 1925).

Value of the University to the State, *The University Press Bulletin*, I, Lawrence, Kansas, No. 36 (December 3, 1910).

What are Historical Facts?, *The Western Political Quarterly*, VIII: 327-340 (September, 1955).

What is Historiography?, *American Historical Review*, XLIV: 20-28 (October, 1938).

What is Still Living in the Political Philosophy of Thomas Jefferson? *Proceedings of the American Philosophical Society*, XCVII: 201-210 (1944).

The Will of the People, *Yale Review*, XXXIV: 385-404 (January 30, 1940).

The Writer in Soviet Russia, Review of Max Eastman, *Artists in Uniform*, *The Nation*, CXXXVIII: 624-625 (May 30, 1934).

3. 关于卡尔·贝克尔的著作、文章与评论

Letter from Henry Adams to J. F. Jameson about Becker published in *American Historical Review*, L: 675-676 (April, 1945).

James Truslow Adams, Review of Carl Becker, *The Declaration of Independence*, *New Republic*, XXXII: 338 (November 22. 1922).

Sir Norman Angell, Review of Carl Becker, *How New Will the Better World Be?*, *Saturday Review of Literature*, XXVII: 8-9 (March 18, 1944).

Moses J. Aronson, Review of Carl Becker, *New Liberties for Old*, *Journal of Social Philosophy*, VII: 93 (October, 1941).

Baltimore Sun, November 22, 1935.

Harry Elmer Bernes, *A History of Historical Writing* (Norman, Oklahoma, 1937).

Charles A. Beard, Review of *The Heavenly City*, American Historical *Review*, XXXVIII: 590-591 (April, 1933).

——, Review of *The United States: An Experiment in Democracy*, and of Paul L. Haworth, *The United States in Our Time*, *The Nation*, CXI: 416-417 (October 13, 1920).

J. B. Brebner, Review of *Freedom and Responsibility*, *Yale Review*, XXXIV: 555-558 (March, 1946).

Adrian Coates, Review of *The Heavenly City*, *Philosophy*, VIII: 495-496 (October, 1933).

Merle Curti, Review of *Everyman His Own Historian*, *American Historical Review*, XLI: 116-118 (October, 1935).

William E. Dodd, Review of *Everyman His Own Historican*, *Journal of Modern History*, VII: 465-466 (December, 1935).

Max Farrand, Review of *The United States: An Experiment in Democracy*, *Mississippi Valley Historical Review*, VIII: 407-409 (March, 1921).

Guy Stanton Ford, Carl Lotus Becker, *American Philosophical Society Year Book*, 1945.

——, Review of *New Liberties for Old*, *Mississippi Valley Historical Review*, XXVIII: 623(March, 1942).

Leo Gershoy, Introduction to *Progress and Power* (New York, 1949).

——, Invitation to Learning, A Discussion of Carl Becker's *The Declaration of Independence* on the Columbia Broadcasting System, February 22, 1948.

——, Review of *Modern Democracy*, *Yale Review*, XXX: 839-841 (June, 1941).

——, Zagorin's Interpretation of Becker: Some Observations, *American Historical Review*, LXII: 12-17 (October, 1956).

Louis Gottschalk, Carl Becker: Skeptic or Humanist, *Journal of Modern History*, XVIII: 160-162 (June, 1946).

Louis M. Hacker, Historian of Revolutions, *New Republic*, XXCV: 260-261 (January 8, 1936).

C. G. Haines, Review of *The United States: An Experiment in Democracy*, *American Political Science Review*, XV: 616-617 (November, 1921).

Samuel William Halperin, Review of *Modern Europe*, *American Journal of Sociology*, XXXVII: 689 (January, 1932).

Walter H. Hamilton, Review of *The Eve of the Revolution*, *The Dial*, LXVI 137 (February 8, 1919).

Marjorie S. Harris, Review of *The Heavenly City*, *Journal of Philosophy*, XXX: 190-193 (March 16, 1933).

Robert C. Hartnett, Review of *How New Will the Better World Be?*, *Thought*, XIX: 495 (September, 1944).

David Hawke, Carl Becker, Master's thesis (University of Wisconsin, Maidson, Wisconsin, 1950).

Hamer Hockett, Review of *Everyman His Own Historian*, *Mississippi Valley Historical Review*, XXII: 332-333 (September, 1935).

Leland Hamilton Jenks, Review of *Everyman His Own Historian*, *American Sociological Review*, I: 160-161 (February, 1936).

Isaac Joslin Review of *The Beginnings of the American People*, *Mississippi Valley Historical Review*, II: 276-277 (September, 1915).

Paul Kiniery, Review of *New Liberties for Old*, *Thought*, XVII: 381-382 (June, 1942).

Hans Kohn, Review of *How New Will the Better World Be?*, *New York Times Book Review*, March 19, 1944.

Joseph Wood Krutch, The Doctrine of Recurrence, Review of Carl Becker, *The Heavenly City of the Eighteenth Century Philosophers*, *New York Herald Tribune Books*, December 18, 1932.

Harold J.Laski, American Scholarship, Review of Carl Becker, *New Liberties for Old*, *New Statesman and Nation*, XXIII: 244-245 (April II, 1942).

Max Lerner, Review of *The Heavenly City*, *Yale Law Journal*, XLII: 1143 (May, 1933).

William MacDonald, Review of *The Beginnings of the American People*, *American Historical Review*, XXI: 352 (January, 1916).

Andrew C. McLaughlin, Review of *The United States: An Experiment in Democracy*, *American Historical Review*, XXVI: 338 (January, 1921).

Charles E. Merriam, Review of *How New Will the Better World Be?*, *American Political Science Review*, XXXVIII: 556-557 (June, 1944).

Moorhouse F. X. Millar, Review of *Modern Democracy*, *Thought*, Xvi: 409- 411 (September, 1941).

Lewis Mumford, Review of *Progress and Power*, *American Journal of Sociology*, XLII: 429 (November.1936).

Reinhold Niebuhr, Review of *New Liberties for Old*, *The Nation*, CLIII:

430-431 (November I, 1941).

——, Review of *Modern Democracy*, *The Nation*, CLII: 441 (April 12, 1941).

David Noble, Carl Becker: Science, Relativism, and the Dilemma of Diderot, *Ethics*, LXVII: 233-248 (July, 1957).

Obituary of Carl Becker, *American Historical Review*, L: 885 (July, 1945).

Frederick Ogg, Review of *The Declaration of Independence*, *Yale Review*, XLIII: 600-604 (April, 1924).

Stanley Pargellis, Review of *Everyman His Own Historian*, *Yale Review*, XXV: 213-214 (September, 1935).

Thomas P. Peardon, Review of *Freedom and Responsibility in the American Way of Life*, *American Political Science Review*, XL: 138-139 (February, 1946).

Ralph Barton Perry, Review of *Modern Democracy*, *Virginia Quarterly Review*, XVII: 440-446 (Summer, 1941).

——, Review of *New Liberties for Old*, *Yale Review*, XXXI: 408-411 (December, 1941).

"P. G.," Review of *Modern Europe*, *New Republic*, XVII: 351-352 (October, 1931).

Raymond O. Rockwood, ed., *Carl Becker's Heavenly City Revisited* (Ithaca, New York, 1958).

George H. Sabine, Preface to *Freedom and Responsibility in the American Way of Life* (New York, 1955).

A. M. Sehlesinger, Review of *The Declaration of Independence*, *Mississippi*

Valley Historical Review, IX: 334 (March, 1923).

Samuel Sillen, Review of *Modern Democracy*, *New Masses*, XXXIX: 22-24 (May 6, 1941).

Charlotte Watkins Smith, *Carl Becker*, *On History and the Climate of Opinion* (Ithaca, New York, 1956).

Phil L. Snyder, Carl L. Becker and the Great War: A Crisis for a Humane Intelligence, *The Western Political Quarterly*, IX: 1-10 (March, 1956).

Gushing Strout, *The Pragmatic Revolt in American History: Carl Becker and Charles Beard* (New Haven, 1958).

William Roscoe Thayer, Review of *The Eve of the Revolution*, *Yale Review*, VIII: 652 (April, 1919).

C. H. van Tyne, Review of *The Eve of the Revolution*, *American Historical Review*, XXIV: 734 (July, 1919).

Joseph S. Ullian, Becker and His *Heavenly City*, unpublished paper written at Harvard University, 1953.

Unsigned Review of *The Eve of the Revolution*, *Catholic World*, CIX: 405-406 (June, 1919).

Unsigned Review of *The Heavenly City of the Eighteenth Century Philosophers*, *America*, XLVIII: 365 (January 14, 1933).

Unsigned Review of *Modern Europe*, *New Republic*, LXVIII: 107 (September 9, 1931).

Unsigned Review of *The United States: An Experiment in Democracy*, *The Outlook*, CXXVI: 334 (October 20, 1920).

Eliseo Vivas, Review of *Everyman His Own Historian*, *The Nation*, CXL: 487-488 (April 24, 1935).

Wilson O. Wallis, Progress and Power, *Journal of Social Philosophy*, II: 338-346 (July, 1937).

Washington Herald, November 21, 1935.

Elizabeth A. Weber, Review of *New Liberties for Old*, *American Political Science Review*, XXXVI: 596-597 (June, 1942).

Edmund Wilson, Review of *How New Will the Better World Be?*, *New Yorker*, XX: 68-74 (April 15, 1944).

Robert Gale Woolbert, Review of *How New Will the Better World be?*, *Foreign Affairs*, XXII: 655 (July, 1944).

Perez Zagorin, Carl Becker on History, Professor Becker's Two Histories: A Skeptical Fallacy, *American Historical Review*, LXII: 1-12 (October, 1956).

4. 其他文献

John Dalberg Lord Acton, German Schools of History, *Historical Essays and Studies* (London, 1907).

———, *Lectures on Modern History* (London, 1952).

Henry Adams, *Mont-Saint-Michel and Chartres* (New York, 1904).

———, The Tendency of History, American Historical Association, *Annual Report*, 1894, 17-23.

Herbert Baxter Adams, Special Methods of Historical Study, *Johns Hopkins University Studies in Historical and Political Science*, II (Baltimore, Maryland, 1884).

Charles McLean Andrews, These Forty Years, *American Historical Review*, XXX: 225-250 (January, 1925).

Noel Annan, *Leslie Stephen, His Thought and Character in Relation to His Time* (*Cambridge, Massachusetts*, 1952).

O. K. Armstrong, Treason in the Textbooks, *American Legion Magazine*, XXIX: 8-9, 51, 70-72 (September, 1940).

Roland H. Bainton, *George Lincoln Burr: His Life and Works* (Ithaca, New York, 1943).

Harry Elmer Barnes, Assessing the Blame for the World War, *Current History*, XX: 171-195 (May, 1924).

———, *The Genesis of the World War* (New York, 1926).

———, *A History of Historical Writing* (Norman, Oklahoma, 1937).

———, *James Harvey Robinson, American Masters of Social Science* (New York, 1927).

Charles A. Beard, *An Economic Interpretation of the Constitution* (New York, 1913).

———, *President Roosevelt and the Coming of the War, STBX1941STBZ: A Study in Appearances and Realities* (New Haven, Connecticut, 1948).

———, That Noble Dream, *American Historical Review*, XLI: 74-87 (October, 1935).

———, *The Office of Justice of the Peace in England in Its Origin and Development* (New York, 1904).

———, The Frontier in American History, *New Republic*, XCIX: 148 (June 14, 1939).

———, Review of Frederick Jackson Turner, *The Frontier in American History*, *New Republic*, XXV: 349-350 (February 16, 1921).

———, *Public Policy and the General Welfare* (New York, 1941).

——, Preface to Brooks Adams, *The Law of Civilization and Decay* (New York, 1943).

——, Review of Arnold Toynbee, *A Study of History*, American Historical *Review*, XL: 307-309 (January, 1935); XLV: 593-594 (April, 1940).

——, Written History as an Act of Faith, *American Historical Review*, XXXIX: 219-231 (January, 1934).

Ralph Bourne, Twilight of Idols, *Untimely Papers* (New York, 1919).

F. H. Bradley, *The Presuppositions of Critical History* (London, 1874).

——, *The Principles of Logic*, I (London, 1932).

Garl Bridenbaugh, *Cities in Revolt: Urban Life in America, 1743-1776* (New York, 1955).

Robert E. Brown, *Charles A. Beard and the Constitution* (Princeton, New Jersey, 1956).

John W. Burgess, *Political Science and Comparative Constitutional Law* (Boston, 1893).

——, Political Science and History, *Annual Report of the American Historical Association for the Year 1896*, I (Washington, D. C., 1897).

——, *Recent Changes in American Constitutional Theory* (New York, 1923).

——, Preface to *The Middle Period 1817-1858* (New York, 1897).

——, *Reminiscences of an American Scholar* (New York, 1934).

Everett Carter, *Howells and the Age of Realism* (Philadelphia, 1954).

Harold Dean Carter, *Henry Adams and His Friends* (New York, 1947).

Edward P. Cheyney, Law in History, *American Historical Review*, XXLX:

191-202（January, 1924）.

Chicago-Record Tribune, October 16, 1901.

R. G. Collingwood, *The Idea of History*（Oxford, 1946）.

Henry Steele Commager, *The American Mind*（New Haven, Connecticut, 1954）.

Benedetto Croce, *Logic as the Science of the Pure Concept*（London, 1917）.

——, *Theory and History of Historiography*（London, 1921）.

Merle Curti, Frederick Jackson Turner, 1861-1932, *Probing Our Past*（New York, 1955）.

Merle Curri and Vernon Carstensen, *The University of Wisconsin*, I（Madism, Wisconsin, 1949）.

John Dewey, *Freedom and Culture*（New York, 1939）.

——, *Individualism Old and New*（New York, 1930）.

——, *Logic: the Theory of Inquiry*（New York, 1938）.

——, No Matter What Happens-Stay Out, *Common Sense*, VIII: II（March, 1939）.

William E. Dodd, *Ambassador Dodd's Diary, 1933-1938*, William E. Dodd, Jr. and Martha Dodd, eds.（New York, 1941）.

——, Karl Lamprecht and Kulturgeschichte, *Populur Science Monthly*, LXIII: 418-424（September, 1903）.

——, *Woodrow Wilson and His Work*（New York, 1920）.

Irwin Edman, *Philosopher's Holiday*（New York, 1938）.

Richard T. Ely, *Ground Under Our Feet*（New York, 1938）.

John Rutherford Everett, *Religion in Economics*（New York, 1946）.

Dixon Ryan Fox, *Herbert Levi Osgood, An American Scholar* (New York, 1924).

Leo Gershoy, *The French Revolution and Napoleon* (New York, 1933).

Edward Gibbon, *Memoirs of My Life and Writing* (London, 1891).

Louis Gottschalk, *Understanding History* (New York, 1950).

——, *The Era of the French Revolution* (New York, 1929).

——, *Jean Paul Marat, A Study in Redicalism* (New York, 1927).

Albert Bushnell Hart, A Dissent from the Conclusions of Professor Barnes, a Contribution to a Symposium Assessing the Blame for the World War, *Current History*, XX: 455 (June, 1924).

History of Blackhawk County, Iowa and Its People, John G. Hartman, Supervising Ed. (Chicago, 1915).

Charles Homer Haskins, *The Renaissance of the Twelfth Century* (Cambridge, Massachusetts, 1927).

——, *The Rise of Universities* (New York, 1923).

Luther V. Hendricks, *James Harvey Robinson* (New York, 1946).

Frank H. Hodder, The Genesis of the Kansas-Nebraska Act, State Historical Society of Wisconsin, *Proceedings*, 1912 (Madison, Wisconsin).

——, The Railroad Background of the Kansas-Nebraska Act, *Mississippi Valley Historical Review*, XII: 3-22 (June, 1925).

Richard Hofstadter, *The Age of Reform, From Bryan to F. D. R.* (New York, 1955).

——, *The American Political Tradition* (New York, 1955).

E. H. Holland, Tribute to Frank Heywood Hodder, *The Graduate Magazine* of the University of Kansas, XXXIV: 3 (January, 1936).

William Dean Howells, *Criticism and Fiction* (New York, 1891).

——, *The Rise of Silas Lapham* (Boston, 1986).

Ralph Gordon Hoxie (and others), *A History of the Faculty of Political Science, Columbia University* (New York, 1955).

Charles Hull, ed., *The Economic Writings of Sir William Petty* (Cambridge, England, 1889).

Henry James, *Selected Novels of Henry James* (New York, 1954).

William James, *Essays in Pragmatism* (New York, 1955).

J. F. Jameson, *The American Revolution Considered as a Social Mooemen* (New York, 1926).

Henry Johnson, *The Other Side of Main Street* (New York, 1943).

Sidney Kaplant, Social Engineers as Saviors: Effects of World War I on Some American Liberals, *Journal of the Histoty of Ideas*, XVII; 347-369 (June, 1956).

Hans Kohn, *German History: Some New German Views* (Boston, 1954).

James C. Malin, Frank Heywood Hodder, 1860-1935, *Kansas Historical Quarterly*, V: 115-121 (May, 1936).

——, *Essays in Historiography* (Lawrence, Kansas, 1946).

——, *The Nebraska Questions, 1892-1851* (Lawrence, Kansas, 1953).

Maurice Mandelbaum, *The Problem of Historical Knowledge* (New York, 1938).

Marjorie Medary, The History of Cornell College, *The Palimpsest*, XXXIV, 145-152 (April, 1953).

Charles Merriam, John W. Burgess, *Dictionary of American Biography*,

XXI: 132-134.

Fulmer Mood, The Development of Frederick Jackson Turner as an Historical Thinker, *Publications* of The Colonial Society of Massachusetts (December, 1939).

G. E. Moore, William James' Pragmatism, *Philosophical Studies* (New York, 1922).

Edmund S. Morgan, *The Birth of the Republic* (Chicago, 1956).

Reinhold Niebuhr, *The Nature and Destiny of Man* (New York, 1941, 1943).

Herman Clarence Nixon, Precursors of Turner in the Interpretation of the American Frontier, *South Atlantic Quarterly*, XXVIII: 83-89 (January, 1929).

E. J. Oliver, *Coveatry Petmore* (New York, 1956).

Vilfredo Pareto, *The Mind and Society*, *I*, *Non-Logical Conduct* (New York, 1935).

Vernon L. Parrington, *Main Currents in American Thought*, I (New York, 1927).

——, *The Beginnings of Critical Realism in America* (New York, 1930).

Lucien Price, *The Dialogues of A. N. Whitehead* (Boston, 1954).

Sir Herbert Read, *English Prose Style* (New York, 1955).

David Riesman, *Individualism Reconsidered* (Glencoe, Illinois, 1954).

James Harvey Robinson, *History*, *Columbia University Lectures on Science*, *Philosophy and Art*, *1907-1908* (New York, 1908).

——, *The Mind in the Making* (New York, 1912).

——, The Newer Ways of Historians, *American Historical Review*, XXXV:

245-255 (January, 1930).

James Harvey Robinson and Charles A. Beard, *The Development of Modern Europe* (New York, 1907).

Elliott Roosevelt, *As He Saw It* (New York, 1946).

Wilhelm Roseher, *Principles of Political Economy*, I (Chicago, 1878).

Eertrand Russell, *A History of Western Philosophy* (New York, 1945).

——, *Philosophical Essays* (London, 1910).

George Sabine, *A History of Political Theory* (New York, 1950).

Edward Norman Saveth, *American Historians and European Immigrants* (New York, 1948).

A. M. Schlesinger, *The Colonial Merchants and the American Revolution* (New York, 1918).

William Holmes Stephenson, *The South Lives in History, Southern Historians and Their Legacy* (Baton Rouge, Louisiana, 1955).

Cushing Strout, The Twentieth Century Enlightenment, *American Political Science Review*, XLIX: 321-339 (June, 1955).

George Sokolsky, *Liberty Magazine*, XVII: 41-42 (May, 1940).

Frederick Jackson Turner, Social Forces in American History, *American Historical Review*, XVI: 217-233 (January, 1911).

——, *The Early Writings of Frederick Jackson Turner*, with an Introduction by Fulmer Mood (Madison, Wisconsin, 1938).

——, *The Significance of Sections in American History* (New York, 1932).

Peter Viereck, *Shame and Glory of the Intellectuals* (Boston, 1953).

H. G. Wells, *What is Coming? A European Forecast* (New York, 1951).

Morton G. White, *Social Thought in America, The Revolt Against*

Formalism (New York, 1949).

William Applerman Williams, A Note on Charles Austin Beard's Search for General Theory of Causation, *American Historical Review*, LXII: 59-80 (October, 1956).